El Libro del
DIAGNÓSTICO ORIENTAL

«PLUS VITAE»

MICHIO KUSHI

EL LIBRO DEL
DIAGNÓSTICO ORIENTAL

Descubre la señales de la enfermedad
antes de su aparición

www.edaf.net
MADRID -MÉXICO - BUENOS AIRES - SANTIAGO
2026

Título del original inglés:
HOW TO SEE YOUR HEALTH, Book of Oriental Diagnosis

© De la traducción: Alfonso Colodrón.
© 1980. Michio Kushi
© 21997. De esta edición, Editorial EDAF, S. L. U., por acuerdo con Japan Publications Trading CO.,
Ltd, Tokyo, Japón

Editorial EDAF, S. L. U.
Jorge Juan, 68. 28009 Madrid
http://www.edaf.net
edaf@edaf.net

Algaba Ediciones, S.A. de C.V.
Calle, 21, Poniente 3323, Colonia Belisario Domínguez
Puebla, 72180, México.
Tfno.: 52 22 22 11 13 87
jaime.breton@edaf.com.mx

Ediciones y Distribuciones Edaf, S.R.L.
Chile, 2222
1227 - Buenos Aires, Argentina
edaf4@speedy.com.ar

Edaf Chile, S.A.
Huérfanos, 1178 oficina 501
Santiago - Chile
edafchile@edaf.net

21ª edición, abril 2026

Depósito legal: SE-3480-2010
ISBN: 978-84-414-0139-6

Papel 100% procedente de bosques getionados de acuerdo con criterios de sostenibilidd.

PRINTED IN SPAIN   IMPRESO EN ESPAÑA

Service Point

Índice

Nota para el lector

Se aconseja a quienes tengan problemas de salud que soliciten la orientación de un médico cualificado o de un profesional de la nutrición o del ámbito de la psicología, además de un consultor macrobiótico, antes de llevar a cabo ningún tipo de dieta o cualquier otro enfoque tratado en este libro. Es esencial que cualquier lector que tenga alguna razón para sospechar que padece una grave enfermedad, o que la padece algún miembro de su familia, busque inmediatamente el consejo adecuado de un médico, un nutricionista o un psicólogo. Ni éste ni ningún otro libro relacionado con la salud deberían utilizarse como sustitutos de un tratamiento o cuidado médico cualificados.

Prólogo

> Conocer es el principio de la libertad.
> El arte de conocer es el arte de alcanzar la libertad.
> Todo el sufrimiento proviene de la ignorancia: ignorancia de lo que soy, ignorancia de quién soy, de lo que somos.
> El arte de conocer es la apertura del secreto de la vida, y un camino de salud, felicidad y vida eterna.

> 25 de diciembre de 1979

ESTE libro va dirigido a todo el mundo, a legos y a profesionales de las ciencias médicas, psicológicas y fisioterapéuticas. Mi propósito al escribir este libro es presentar los principios y artes esenciales del diagnóstico, que pueden practicarse sin utilizar ninguno de los medios dañinos para el bienestar físico y mental que se aplican a menudo en las ciencias médicas actuales.

De vez en cuando se utiliza a lo largo del libro la frase «diagnóstico oriental», en referencia al hecho de que los principios subyacentes a estas artes se desarrollaron y preservaron en Japón, Corea, China e India, durante muchos siglos, entre tradiciones religiosas, culturales y filosóficas. Pueden encontrarse en *El Libro de los Cambios* (易経, *I Ching*), *El libro clásico de Medicina Interna del Emperador Amarillo* (内経, *Nei Ching*), el *Tao Te King* (道徳経), el *Karaka Samhita*, el *Kojiki* (古事記), el *Nihon-Shoki* (日本書紀) y numerosas otras obras clásicas de estos países, y en la fuente cosmológica del hinduismo, el budismo, el zoroastrismo, el judaísmo, el confucianismo, el taoísmo y el sinto. Estos principios son la Ley del Universo, o podríamos decir *el orden del universo infinito* que actúa perpetuamente a través de las dimensiones del universo: producir, cambiar, descomponer y demoler todos los fenómenos, incluidos los fenómenos de esta Tierra.

Cuando se aplicó el orden del universo a los fenómenos metafísicos de la humanidad, se desarrollaron las diferentes religiones. Cuando se aplicó a los fenómenos naturales, se desarrollaron las ciencias.

Aplicado a las relaciones humanas, se convirtió en códigos morales, en la ética y en la economía. Cuando se aplicó a las manifestaciones estéticas humanas, se desarrolló como culturas y artes; y cuando se aplicó a los conceptos de salud, se desarrolló en los diversos ámbitos de las artes médicas, incluido el arte del diagnóstico.

Sin embargo, estas aplicaciones —que como un todo crearon la forma de vida de los antiguos pueblos del mundo y la forma de vida de Oriente hasta hace pocos siglos— han decaído y desaparecido, debido a las formas modernas recientemente surgidas del pensamiento y de la tecnología, que se basan principalmente en puntos de vista analíticos y separativos materialistas, y que se han extendido rápidamente y han prevalecido desde el siglo XVI, a partir de la occidentalización del mundo. Después de haberse experimentado la civilización actual científica, tecnológica y materialista, se ha hecho obvio que la misma existencia de la vida en este planeta está en peligro por la rápida degeneración de la salud humana en el mundo moderno, y porque las ciencias de la vida, incluido el enfoque médico moderno, han sido inadecuadas para preservar el bienestar humano de esta decadencia universal. No sólo los tratamientos internos y las aplicaciones quirúrgicas externas, sino también las técnicas del mismo diagnóstico moderno, son frecuentemente dañinos para la salud humana. En vista de estas circunstancias, el renacimiento de la sabiduría tradicional basada en una mayor comprensión total de la cosmología, incluyendo las artes de la salud y el diagnóstico, se ha vuelto absolutamente esencial para la recuperación de la humanidad, tanto desde el punto de vista individual como colectivo.

Cuando llegué a la comprensión estudiando la paz del mundo, buscada a través de la investigación en la ciencia política, de que la reconstrucción de la humanidad es el factor decisivo para establecer los cimientos del desarrollo de un mundo unificado, empecé a estudiar el orden natural de la humanidad, animado por varios respetables profesores, concretamente el señor George Ohsawa, el reverendo doctor Toyohiko Kagawa, el profesor Shigeru Nanba, y otros, y desanimado por la falta de enseñanzas sobre medicina para la humanidad en la educación moderna. Empecé a detenerme en las calles de la ciudad de Nueva York —entre la calle 42 y Broadway, cerca de Times Square y en la Quinta Avenida— observando a miles de personas: su estructura corporal, su forma de andar, sus expresiones, sus rostros, su comportamiento y su forma de pensar. En las cafeterías y restaurantes, en los cines y en los bares recreativos, en los trenes y en los metros, en las tiendas y en las escuelas, todo el día observaba la incontable variedad de manifestaciones humanas en la Tierra actual. Semana tras semana, mes tras mes y año tras año, a medida que pasaba el tiempo, se hizo obvio que todas las manifestaciones físicas, psicológicas, sociales y culturales de las actividades humanas dependen de nuestros hábitos dietéticos y del entorno. Se hizo obvio que incluso los factores llamados hereditarios sólo son el resultado del entorno en el que vivieron nuestros antepasados, y de la dieta que llevaban.

Me percaté de que, para comprender a la especie humana en lo que respecta al entorno, tenía que incluir no sólo las condiciones inmediatas naturales y sociales como el tiempo, el clima, la estación, la ciudad o el país, sino también una esfera mucho más amplia de influencia, que alcanzaba las dimensiones infinitas de todo el universo, tanto en el tiempo como en el espacio. También me di cuenta de que, en lo que respecta a los alimentos, tenía que incluir no sólo el alimento material diario y la bebida consumida a través de la boca, sino también todas las sustancias inorgánicas del mundo entero, la vida biológica orgánica, la atmósfera, las fuerzas electromagnéticas y toda clase de ondas y radiaciones procedentes de todas las direcciones y de las profundidades desconocidas del universo. Me di cuenta de que la comprensión de estos factores en relación con nuestro estado cotidiano sólo era posible comprendiendo el orden del universo y sus aplicaciones, y no mediante métodos analíticos y separativos de investigación.

Desde aquella época, han pasado más de veinticinco años, durante los que he conocido a cientos de miles de personas a través de actividades educativas, conferencias, seminarios y consultas sobre la forma de vida para recuperar la salud y alcanzar el bienestar total. Encontrarme con esas personas me ha revelado una comprensión más profunda de la naturaleza humana, y una mayor comprensión del arte del diagnóstico ha desarrollado continuamente este mismo arte. La información presentada en este libro es sólo una introducción a varios métodos principales de diagnóstico, que cualquier persona puede utilizar. Algunos se basan en métodos clásicos y otros han sido recientemente desarrollados e interpretados a través de mi propia experiencia. Al escribir este libro he evitado en la medida de lo posible la utilización de terminología técnica, para llegar al máximo de lectores. Deseo sinceramente que este libro introductorio pueda contribuir a que cualquier lector pueda entender su propio estado de salud, el de su familia, sus relaciones, sus amigos y el de cualquier persona que encuentre, y pueda servir como un primer punto para que la sociedad recupere la salud total y consiga la libertad y la felicidad, camino de la realización posterior de un mundo pacífico.

Este libro fue elaborado de junio de 1979 a enero de 1980, en Brookline, Massachusetts, con frecuentes interrupciones para giras de conferencias en Europa y América, clases, consultoría personal y otras muchas actividades para promover el desarrollo evolutivo en las personas actuales a través de la comprensión del orden del universo y de la utilización de la alimentación sana orientada por los principios macrobióticos: el equivalente del orden del universo. La ayudante que mecanografió, dio forma y corrigió la versión original en inglés de este libro es Olivia Oredson, de Brookline, Massachusetts, actual directora educativa del Instituto Kushi. El Instituto Kushi es una organización educativa para el estudio del orden del universo y de sus aplicaciones para el desarrollo de la humanidad, por medio del establecimiento de la salud a través de diferentes formas naturales de curación, con la comprensión de la naturaleza de la humanidad y su destino total en todos los ámbitos fundamentales. Las ilustraciones y los dibujos de este libro fueron realizados por Joe di Gregorio, de Brookline, Massachusetts; Lily Kushi, de Brookline, Massachusetts, y el autor.

Cuando todo el mundo lee a todos los demás, prevalecen el amor y la compasión.

Cuando todo el mundo lee el arte de la naturaleza, prevalece la salud y la paz.

Las palabras ya escritas viven en todas partes, y están llegando del universo.

Cuando las leemos sin perder una sola palabra, hemos abierto el libro del secreto de la vida eterna.

MICHIO KUSHI
26 de diciembre de 1979

El orden del proceso de diagnosis

Primera fase: DESTINO. Averiguar si una persona es o no feliz, y si será o no más feliz.

Segunda fase: PERSONALIDAD. Averiguar qué tipo de ideales, visión de la vida, naturaleza y carácter tiene.

Tercera fase: CONSTITUCIÓN. Averiguar qué clase de constitución tiene, tanto física como mental.

Cuarta fase: TRASTORNOS. Averiguar qué clase de trastornos se han desarrollado y padece en ese momento.

Quinta fase: RECOMENDACIONES. Averiguar cuáles son los cambios necesarios para convertir sus trastornos en salud y bienestar.

Sexta fase: ORIENTACIÓN. Averiguar hacia qué clase de futuro debe orientarse para conseguir la felicidad.

Séptima fase: INSPIRACIÓN. Averiguar qué tipo de aliento debe recibir para desarrollar su posibilidad infinita de lograr la felicidad.

Primera parte

Los principios del diagnóstico

1. El orden del universo

Del océano al continente,
del desierto a la montaña,
de la flor al animal,
del espacio al tiempo,
todo está regido
por la Ley Universal.
Yin y yang están en todas partes;
sin ellos, nada existe
y nada cambia.

26 de diciembre de 1979

TODOS los fenómenos de este universo y de este planeta Tierra son manifestaciones de la ley infinita del universo, que es la ley del cambio, la ley de la manifestación. Gracias a estas leyes, todo lo que existe en el mundo se manifiesta a partir del océano infinito de la no existencia, y desaparece de nuevo en este océano. En una moderna versión simplificada, las leyes del universo pueden ser representadas por siete teoremas del mundo absoluto, y doce principios del mundo relativo, aunque son manifestaciones de un solo infinito:

Los siete teoremas universales

1. Todo es una diferenciación de un solo Infinito.
2. Todo cambia.
3. Todos los antagonismos son complementarios.
4. No hay nada idéntico.
5. Todo lo que tiene una parte delantera tiene una parte trasera.
6. Cuanto mayor es la parte delantera, mayor es la parte trasera.
7. Todo lo que tiene un principio tiene un fin.

Los doce principios de la relatividad

1. El único Infinito se manifiesta en tendencias complementarias y antagónicas, yin y yang, en su incesante cambio.

2. Yin y yang se manifiestan continuamente a partir del movimiento eterno de un universo infinito.

3. Yin representa lo centrífugo. Yang representa lo centrípeto. Yin y yang juntos producen la energía de todos los fenómenos.

4. El yin atrae al yang. El yang atrae al yin.

5. El yin repele al yin. El yang repele al yang.

6. Yin y yang combinados en diversas proporciones producen fenómenos diferentes. La atracción y la repulsión entre los fenómenos es proporcional a la diferencia de las fuerzas yin y yang.

7. Todos los fenómenos son efímeros, y cambian continuamente su constitución de las fuerzas yin y yang; el yin se transforma en yang, el yang se transforma en yin.

8. Nada es únicamente yin o únicamente yang. Todo está compuesto de ambas tendencias en grados diferentes.

9. No hay nada neutro. O bien el yin o bien el yang se hallan en exceso en cualquier fenómeno.

10. El gran yin atrae al pequeño yin. El gran yang atrae al pequeño yang.

11. El máximo yin produce yang y el máximo yang produce yin.

12. Todas las manifestaciones físicas son yang en el centro y yin en la superficie.

Para entender las leyes relativas del mundo relativo, las siguientes clasificaciones de las tendencias antagónicas complementarias, yin y yang, muestran ejemplos prácticos de estas fuerzas relativas tal como funcionan en el mundo relativo.

Ejemplos de yin y yang

Atributo	YIN ▽* Fuerza centrífuga	YANG △* Fuerza centrípeta
Tendencia	Expansión	Contracción
Función	Difusión	Efusión
	Dispersión	Asimilación
	Separación	Unión
	Descomposición	Organización
Movimiento	Más inactivo, más lento	Más activo, más rápido
Liberación	Onda más corta y frecuencia más alta	Onda más larga y frecuencia más baja
Dirección	Ascendente y vertical	Descendente y horizontal
Posición	Más externa y periférica	Más interna y central
Peso	Más ligero	Más pesada
Temperatura	Más fría	Más caliente
Luz	Más oscura	Más luminoso
Humedad	Más húmeda	Más seco
Densidad	Más fina	Más espesa
Tamaño	Más grande	Más pequeño
Conformación	Más expansiva y frágil	Más contraída y dura
Forma	Más larga	Más pequeña
Textura	Más blanda	Más dura
Partícula atómica	Electrón	Fotón
Elementos	N, O, P, Ca, etc.	H, C, Na, As, Mg, etc.
Entorno	Vibración... Aire... Agua...	Tierra
Efectos climatológicos	Clima tropical	Clima más frío
Biológico	Cualidad más vegetal	Cualidad más animal
Sexo	Femenino	Masculino
Estructura orgánica	Más superficial y expansiva	Más compacta y condensada
Nervios	Más periféricos, ortosimpáticos	Más céntricos, parasimpáticos

* A efectos prácticos, se utiliza el símbolo ▽ para Yin y el símbolo △ para Yang.

Atributo	YIN ▽ Fuerza centrífuga	YANG △ Fuerza centrípeta
Actitud, emoción	Más suave, negativa, defensiva	Más activa, positiva, agresiva
Trabajo	Más psicológico y mental	Más físico y social
Conciencia	Más universal	Más específica
Función mental	Dedicada más al futuro	Se dedica más al pasado
Cultura	Orientada más espiritualmente	Más orientada hacia la materia
Dimensión	Espacio	Tiempo

Esta clasificación de las diferentes fuerzas y tendencias es sólo un ejemplo de otras clasificaciones semejantes de los fenómenos. La relatividad universal, concretamente el yin y el yang, es relativa en su misma naturaleza, y no puede existir una clasificación y definición absolutas del yin y del yang —factores antagónicos y complementarios— en un solo mapa, a causa de la naturaleza dinámica del cambio y de los constituyentes complejos de cada sustancia. Pueden hacerse muchas otras clasificaciones de fuerzas relativas: por ejemplo, basadas en la actividad y en el movimiento, o en el carácter vibracional y energético, o en la naturaleza física y material.

Aplicación del orden del universo

El orden del universo y sus principios descritos anteriormente pueden aplicarse directamente al arte del diagnóstico, porque los seres humanos son una de las manifestaciones biológicas y espirituales de este planeta en este universo infinito. La aplicación de estos teoremas y principios en el arte del diagnóstico puede resumirse en la siguiente explicación:

1. *Todas las manifestaciones físicas, mentales y espirituales de los seres humanos son manifestaciones del entorno.*

Los cambios del entorno, incluidos los cambios de los rayos, radiaciones, ondas y vibraciones cósmicas recibidas de los movimientos celestiales y las profundidades infinitas del universo, y los cambios en el entorno físico más inmediato como las condiciones atmosféricas, el tiempo, el clima, las estaciones, los meses y las horas, influyen en los cambios de nuestro estado físico y mental.

2. *La parte del entorno tomada en el cuerpo compone el entorno interno, en equilibrio con el entorno externo.*

Todos los factores asimilados en nuestro cuerpo a partir del entorno —energías electromagnéticas, vibraciones, aire, agua, minerales, así como vida vegetal y animal— componen nuestro estado interno, formando nuestro esqueleto, y la constitución muscular y orgánica mediante la generación de trillones de células, por medio de nuestras funciones digestivas y circulatorias, en coordinación con nuestras actividades respiratorias, excretoras y nerviosas.

3. *El equilibrio entre el entorno externo y el entorno interno crea los estados físicos y mentales.*

Entre el entorno externo que se expande hasta las dimensiones infinitas del espacio y del tiempo, y el entorno interno que es orgánicamente compacto y está creado de sustancias del entorno externo, existe una interacción constante. Cuando sucede, esta interactividad se hace anormalmente hiperactiva o hipoactiva, produciendo trastornos en el estado físico y mental y en la actividad. Cuando la energía que sale es más activa que la energía que entra, se manifiesta como crecimiento y madurez, así como un estado expansivo e hiperactivo de los diversos órganos; mientras que si la energía que sale se hace menor que la que entra, se manifiesta como un estado poco activo, de envejecimiento y contracción de los órganos.

4. *Las manifestaciones físicas pueden clasificarse como constitución y condición.*

Los factores recibidos de los padres y antepasados en forma de células reproductoras, y el desarrollo durante los periodos de embarazo y crecimiento —que fundamentalmente es una repetición de todo el proceso de evolución biológica que va desde una sola célula hasta la complejidad del ser humano— conforman la constitución, que es nuestro carácter fundamental, y tendencias. Los factores que consumimos cada día, especialmente durante el periodo de los últimos siete años, y más precisamente durante los tres o cuatro últimos meses, incluido el consumo diario de alimentos y bebidas, componen nuestra condición. Aunque todos los factores de nuestra constitución y de nuestra condición son cambiables, la constitución cambia mucho más lentamente, mientras que nuestras condiciones físicas cambian rápidamente con las variaciones cotidianas físicas y mentales.

5. *Existen numerosas relaciones antagónicas y complementarias dentro de nuestra constitución y condición física y mental.*

Como todo se compone de factores y tendencias antagónicos y complementarios, de yin y yang, y todo funciona gracias al cambio de relaciones entre estos factores y tendencias opuestos, las manifestaciones humanas físicas y mentales también están constituidas y funcionan por estos dos factores y tendencias opuestos. He aquí una lista de ejemplos:

ESTRUCTURAS

Más Yin (▽)	*Más Yang* (△)
Parte del cuerpo	Parte de la cabeza
Frente del cuerpo o de la cabeza	Parte del cuerpo o de la cabeza
Partes blandas	Partes duras
Órganos expandidos	Órganos compactos
Partes periféricas	Partes internas
Posición superior	Posición inferior

FUNCIONES

Funciones nerviosas en general	Funciones digestivas en general
Funciones electromagnéticas de los meridianos	Funciones fluidas de la circulación
Funciones de los nervios simpáticos	Funciones de los nervios parasimpáticos
Funciones femeninas	Funciones masculinas
Actividades mentales	Actividades físicas
Funciones de eliminación	Funciones de absorción
Movimiento ascendente	Movimiento descendente
Diferenciación, movimiento hacia fuera	Unión, movimiento hacia dentro

FUNCIONES

Movimiento expansivo	Movimiento de contracción
Función de espirar	Función de inspirar
Movimiento flexible	Movimiento inflexible
Movimiento lento	Movimiento rápido

Estas partes y funciones del cuerpo se equilibran recíprocamente en su formación estructural y en sus funciones operativas, según los doce principios ya mencionados de la relatividad.

6. *Los alimentos y las bebidas que forman el entorno interno pueden clasificarse en una escala según sus relaciones antagónicas y complementarias.*

Los alimentos y las bebidas, en su capacidad de producir las funciones antagónicas y complementarias expuestas en la lista anterior, y que estimulan determinadas partes del cuerpo e inducen determinadas funciones, pueden clasificarse generalmente tal como lo están en el siguiente cuadro:

7. *Una cualidad yin de los alimentos y de las bebidas produce estructuras y funciones yin, mientras que una cualidad yang de los alimentos y de las bebidas produce estructuras y funciones yang.*

Según la calidad de los alimentos y de las bebidas de nuestra dieta cotidiana, cambia nuestro estado físico en relación a los mismos. El alimento y la bebida produce cambios en la calidad de la sangre y en las reacciones nerviosas, que tienen como resultado cambios de la estructura a largo plazo y cambios de las funciones a corto plazo. Simples ejemplos de ello son la constricción de los vasos capilares sanguíneos y la eliminación activa del sudor y de la orina (función yin) como resultado de un consumo excesivo de líquido (yin), así como la retracción de los tejidos, de los nervios y de los vasos sanguíneos (función yang) producida por el exceso de consumo de sal (yang). Existen numerosas variantes de las reacciones, efectos y grados de influencia, ya sean yin o yang, de las clases, combinaciones y métodos de cocinar los alimentos y preparar las bebidas. Las actividades físicas y mentales también son factores que aceleran un estado más yang, mientras que descansar y dormir, especialmente después de un exceso de consumo de alimento y bebida, tiene como consecuencia la creación de un estado más yin.

Yin (▽) Efectos de la expansión, la diferenciación, y la dirección hacia fuera

Temperatura atmosférica caliente

La mayoría de los medicamentos
Drogas diversas, incluidas las drogas alucinatorias
Sustancias químicas, conservantes, colorantes, insecticidas
Alcohol
Azúcar refinado
Bebidas aromáticas y estimulantes (té a la menta, café, infusión de manzanilla, etc.)
Especias (pimentón, mostaza, curry, albahaca, nuez moscada, etc.)
Aceites
Frutas de origen tropical (papaya, mango, piña, plátano, etc.)
Frutas del tiempo (cerezas, bayas, melones, manzanas, melocotones, peras, etc.)
Leche y nata
Productos vegetal de origen primitivo y tropical (levadura, hongos, musgo, setas, patatas,
        tomates, berenjenas, espárragos, aguacates, helechos, etc.)
Verduras de hoja
Hortalizas redondas (calabaza, cebolla, etc.)   *Zona y*
Hortalizas de raíz   *clima*
Algas   *más*
Nueces   *cálido*
Judías de zonas cálidas   *Temperatura,*   *Zona y*
Judías de zonas más frías   *zona*   *clima*
Semillas   *y clima*   *más*
Cereales   *frío*
Mariscos de naturaleza primitiva ◄──────────────────────────────────►
Pescado de especies modernas   *Línea de equilibrio*
Carne de anfibios
Carne de reptiles
Volatería
Queso
Carne de mamífero
Huevos
Caviar
Sal

Temperatura atmosférica fría

Yang (△) Efectos de contracción, condensación, dirección hacia dentro

---

8. El principio de las cinco fases de transmutación de la energía.

En el mundo fenoménico, la energía transforma sus manifestaciones en varias formas, incluyendo todos los fenómenos relativos. Todos estos fenómenos manifestados como apariencias transitorias de energía pueden clasificarse en cinco estados generales de transformación, entre expansión (yin) y contracción (yang).

Estas cinco fases son (1) movimiento expansivo hacia arriba, (2) movimiento muy expansivo y activo, (3) proceso de condensación, (4) estado solidificado, (6) estado de fusión y flotante (fig. 1). Estas fases pueden interpretarse utilizando ejemplos característicos que se ven en la vida diaria:

Energía	*Ejemplos*
1. Movimiento de expansión hacia arriba	Estado gaseoso-árbol
2. Movimiento muy expandido y activo	Estado de plasma-fuego
3. Proceso de condensación	Estado semicondensado-tierra
4. Estado solidificado	Estado sólido-metal
5. Estado de fusión y flotante	Estado líquido-agua

Fig. 1. Cinco fases de transformación de la energía

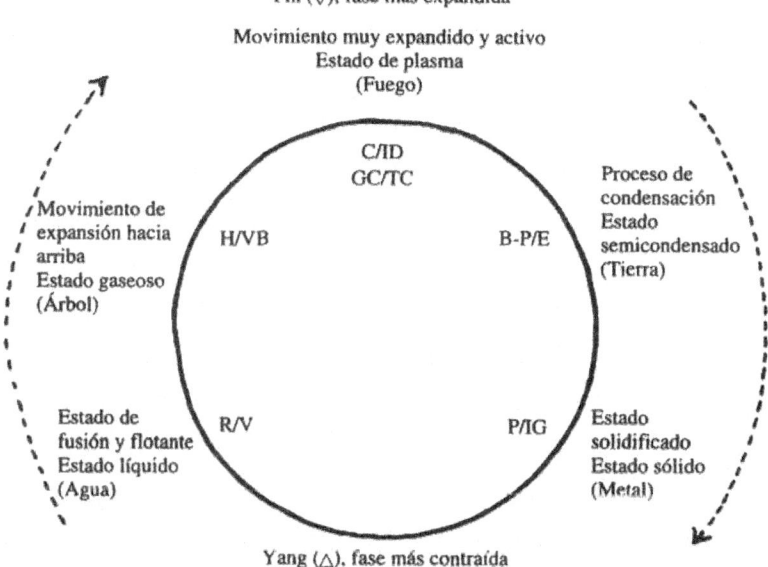

Yin (▽), fase más expandida
Movimiento muy expandido y activo
Estado de plasma
(Fuego)

Movimiento de expansión hacia arriba
Estado gaseoso
(Árbol)

Proceso de condensación
Estado semicondensado
(Tierra)

Estado de fusión y flotante
Estado líquido
(Agua)

Estado solidificado
Estado sólido
(Metal)

C/ID
GC/TC

H/VB

B-P/E

R/V

P/IG

Yang (△), fase más contraída

H/VB:	Hígado y vesícula biliar.	B-P/E:	Bazo, páncreas y estómago.
C/ID:	Corazón e intestino delgado.	P/IG:	Pulmones e intestino grueso.
GC/TC:	Funciones del gobernador del corazón y del triple calentador (metabolismo circulatorio y de la temperatura).	R/V:	Riñones y vejiga.

Estas cinco fases del cambio de la energía también reflejan las funciones de la energía relacionadas con los diversos órganos y meridianos, como se representa en la figura 2.

Fig. 2. Cinco activaciones progresivas de la energía según la estación y la hora del día

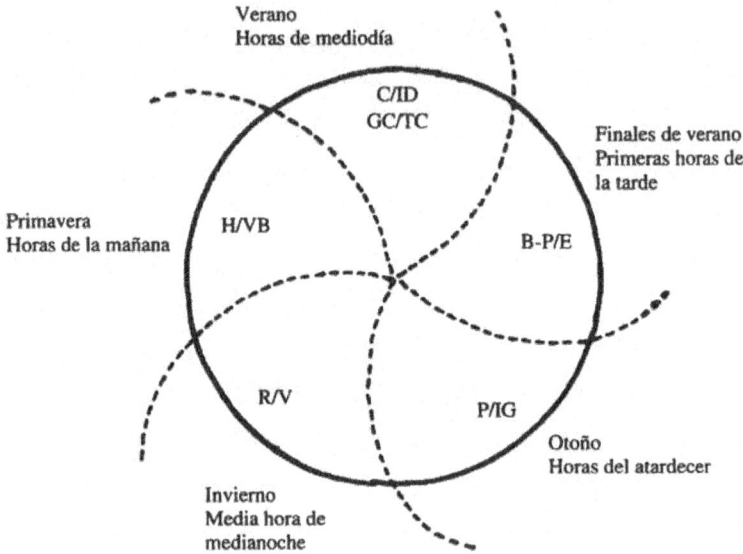

Estos estados de la energía también están relacionados con el cambio de la energía estacional, el cambio de la energía mensual o lunar y el cambio de la energía diaria, así como las condiciones del entorno. También describen estados psicológicos y efectos de la dieta. El cuadro de los estados de energía que viene a continuación está directamente relacionado con el estudio del diagnóstico.

Los alimentos de este cuadro nutren y activan los órganos y funciones de la misma categoría. Por ejemplo, el trigo, la cebada, las verduras de hoja joven y los gérmenes pueden nutrir y acelerar las funciones del hígado y de la vesícula biliar. Igualmente, los trastornos físicos aparecen con más evidencia como síntomas en los órganos y funciones que pertenecen a la misma categoría. Por ejemplo, los trastornos pulmonares y del intestino grueso aparecen con más claridad en la condición de la nariz y de la piel así como en la respiración. También crean un color facial pálido, un olor a pescado y otros fenómenos físicos como el lagrimeo y la tos. Al mismo tiempo, producen más cambios en la voz; y psicológicamente tienen como consecuencia el llanto y la depresión junto con un sentimiento de tristeza.

Por otra parte, la utilización de este cuadro puede facilitarnos el diagnóstico del estado físico. Por ejemplo, si el pelo de la cabeza tiene un estado anormal (espeso o frágil, etc.), o existen achaques y dolores en los huesos, o trastornos en los oídos y la audición, se están revelando trastornos más graves de los riñones y de la vejiga, o de las funciones excretoras.

Las cinco transformaciones de la energía

	A	B	C	D	E
Energía:	Hacia arriba	Muy activa	Hacia abajo	Solidificada	Flotante
Ejemplos:	Gas Árbol	Plasma Fuego	Condensación Tierra	Sólido Metal	Líquido Agua
Órgano: Energía:	Hígado, ve- sícula biliar	Corazón, intes- tino delgado	Bazo-páncreas, estómago	Pulmones, in- testino grueso	Riñones, vejiga
Dirección:	Este	Sur	Centro	Oeste	Norte
Estación:	Primavera	Verano	Finales de verano	Otoño	Invierno
Fase lunar:	Cuarto creciente	Luna llena	Luna oscura	Cuarto creciente	Luna nueva
Hora del día:	Mañana	Mediodía	Tarde	Atardecer	Noche
Entorno:	Ventoso	Caliente	Húmedo	Seco	Frío
Grano:	Trigo, cebada	Maíz	Mijo	Arroz	Judías
Hortalizas:	Gérmenes y plantas aéreas	Plantas de hoja ancha	Hortalizas redondas	Pequeñas plan- tas contraídas	Hortalizas de raíz
Frutas:	Frutas de prima- vera	Frutas de verano	Frutas de finales de verano	Frutas de otoño	Frutas de invierno y frutos secos
Olor:	Aceitoso-grasiento	Penetrante	Fragante	A pescado	Putrefacto
Gusto:	Agrio	Amargo	Dulce	Picante	Salado
Artes físicas:	Tejidos	Vasos sanguíneos	Músculos	Piel	Huesos
Apéndices físicos:	Uñas	Vello corporal y color facial	Pechos, labios	Respiración	Pelo de la cabeza
Color de la piel:	Azul, gris	Roja	Amarilla, lechosa	Pálida	Negra, oscura
Líquidos físicos:	Lágrimas	Sudor	Babeo	Lagrimeo	Saliva
Cambios físicos:	Absorbente	Ansioso	Sollozos	Tos	Tiriteo
5 voces:	Gritar	Hablar	Cantar	Llorar	Gemir
5 funciones:	Color	Olor	Gusto	Voz	Fluido
Reacción psico- lógica:	Enfado, excita- ción	Risas, habladora	Indecisa, descon- fiada	Triste, depre- sión	Miedo, insegu- ridad

Este cuadro también muestra los cambios del entorno según la estación, al mes, al día y a las condiciones atmosféricas. Con arreglo a ellos, puede establecerse un diagnóstico. Si surge una fiebre regularmente a una determinada hora, o en un preciso día del mes, o en una estación concreta, ello indica que en los órganos que están en la lista de la misma categoría de energía se localiza principalmente el trastorno. Por ejemplo, si se produce una enfermedad en una atmósfera muy húmeda, especialmente en la tarde de un día nuboso, esto indica que el bazo y el estómago son los órganos que sufren el problema principal.

Para aliviar estos trastornos físicos y mentales, podemos poner el énfasis en un cambio de dieta hacia alimentos que pertenezcan a la misma categoría, y evitar los alimentos que se hallen en la lista de las categorías opuestas. Por ejemplo, en el caso de la diabetes, que afecta a las funciones del páncreas, se recomendaría un aumento de alimentos como el mijo y las hortalizas redondas —repollo, calabaza, calabacín, etc.—, como parte importante del enfoque dietético.

2. Constitución y estado de salud

La constitución y su orden

La constitución humana física y mental está formada por las siguientes influencias:

— Factores hereditarios de las células reproductoras de la madre y del padre.
— Influencias mentales y físicas de la madre durante el embarazo.
— Intuición a través de los alimentos y del entorno durante el embarazo y tras el parto.

Conectados con estos factores que forman la constitución, las siguientes influencias deben ser tomadas seriamente en consideración con el propósito de hacer un diagnóstico para entender el estado de salud de cualquier persona y su destino:

A) Estado de salud de los padres y de los antepasados.
B) La calidad de las células reproductoras.

C) La fecha de la concepción y del nacimiento.

D) El lugar del nacimiento y de la crianza.

E) La comida que tomó la madre durante el embarazo y durante el periodo de crecimiento.

F) Influencias familiares, sociales y culturales.

Examinemos detalladamente estos factores.

A) *Condiciones de los padres y de los antepasados.* En el caso en que las condiciones físicas y mentales de los antepasados en los padres estuviesen más orientadas físicamente, incluyendo su trabajo diario y su forma de vivir, sus descendientes tendrían las tendencias similares, a menos que se hayan producido cambios importantes en la dieta, en el lugar de residencia y en la influencia social y cultural antes y durante el periodo del embarazo. Por otra parte, los antepasados y padres orientados más hacia lo mental y lo espiritual tienden a tener descendientes más caracterizados por similares tendencias mentales y espirituales. Estas características semejantes son especialmente evidentes si la familia ha mantenido tradiciones parecidas y situaciones de vida similares bajo condiciones climáticas parecidas, con prácticas dietéticas iguales a lo largo de generaciones.

B) *La cualidad de las células reproductoras.* Las células reproductoras —el esperma y el óvulo, especialmente su calidad antes de la fertilización— son un factor fundamental para el desarrollo de la futura constitución física y mental. No sólo el DNA, el RNA y otros factores genéticos sirven para el principio del desarrollo humano, sino también la cualidad de las vibraciones, la energía, todo el cuadro nutritivo y otros factores constitutivos de las células reproductoras. En relación con esta influencia, se aplican los siguientes principios:

1. *El sexo del bebé.* En el caso en que el esperma sea más activo que el óvulo, habrá más probabilidades de que nazca una niña; mientras que si el óvulo está más energizado, el resultado será un niño.

2. *Sistemas principales del cuerpo del bebé.* Como el esperma del padre tiende a tener una influencia mayor sobre el sistema nervioso del bebé, mientras que el óvulo de la madre aporta

más influencias a los sistemas digestivo y reproductor, la constitución del recién nacido variará en su coordinación entre las funciones nerviosas, digestivas y reproductoras, según las diferencias de calidad de ambas células reproductoras.

3. *Órganos principales del cuerpo del bebé*. La influencia del padre por medio de su esperma tiende a aparecer más en el lado izquierdo del rostro y del cuerpo del bebé, incluidos el pulmón izquierdo, el ventrículo y la aurícula izquierdos del corazón, el bazo, el páncreas, el estómago, el riñón izquierdo, el lado izquierdo del intestino delgado, el colon descendente y el ovario y testículo izquierdos. La influencia de la madre a través de su óvulo tiende a manifestarse más en el lado derecho de la cabeza y el cuerpo, incluido el pulmón derecho, la aurícula y el ventrículo derechos, el hígado, la vesícula biliar, el riñón derecho, el duodeno, el lado derecho del intestino delgado, el colon ascendente y el ovario y el testículo derechos.

4. *La naturaleza física y mental del bebé*. La influencia del padre aparece más en el carácter intelectual, social e ideológico del bebé, mientras que la influencia se manifiesta más en el carácter físico, sensorial y emocional del bebé, durante y después del periodo de crecimiento considerado como un todo.

C) La fecha de la concepción y del nacimiento. La fecha de la concepción y del nacimiento tienen una influencia muy importante en la formación de la constitución física y mental. Esto ha sido estudiado en las artes tradicionales de la astrología oriental y occidental como una de las formas de ver el destino. En términos prácticos, las condiciones atmosféricas estacionales, incluida la carga electromagnética del suelo, el agua y el aire, así como las radiaciones, ondas y otras vibraciones procedentes de los movimientos celestes, aportan influencias diferentes a la calidad de las condiciones físicas y psicológicas de los padres, e influencian su vital reproductora y la calidad del esperma y del óvulo. Además, su patrón dietético cambia según la estación y el mes, orientado por el movimiento de la Tierra, del Sol, de la Luna y de otros planetas, lo cual produce diferentes calidades de las células sanguíneas que producen las células reproductoras.

Estos cambios dietéticos continúan durante el periodo del embarazo a medida que transcurren las estaciones, ya sea del calor al frío o del frío al calor. Este cambio climatológico tiene una fuerte influencia en el patrón dietético de la madre durante el periodo de nueve meses. Por ello, un bebé nacido en primavera poseerá una constitución física y mental opuesta a un bebé nacido en otoño (fig. 3).

Fig. 3 Fecha de nacimiento y constitución biológica

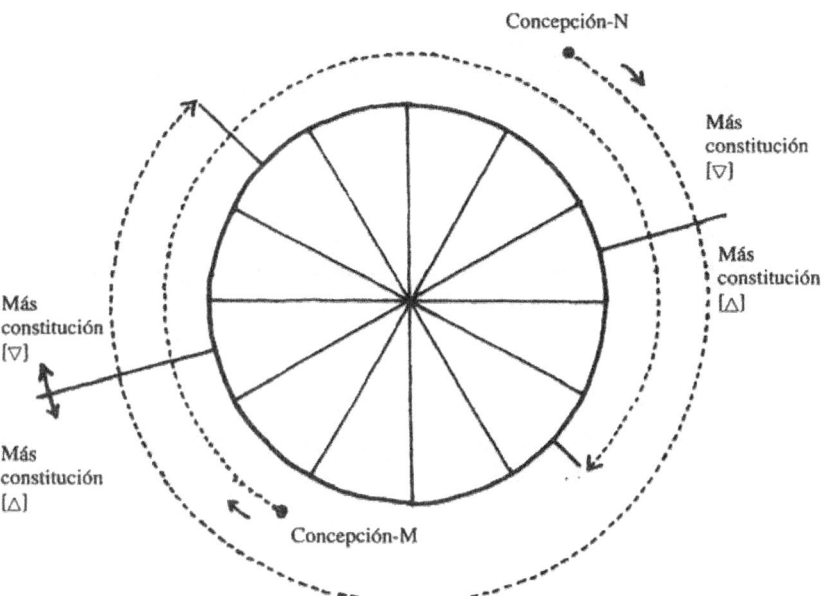

Los números 1 a 12 indican los meses de enero a diciembre. La persona-M, nacida en la mitad de mayo, empezó su periodo embriónico a principios de agosto, mientras que la persona-N, nacida en noviembre, empezó su periodo embriónico a principios de febrero.

1.   Una persona nacida en mayo pasó su periodo embriónico en agosto del año anterior y atravesó el invierno y la primavera. Durante ese tiempo, su madre estuvo comiendo una dieta adecuada al otoño y al invierno, incluyendo más sal, alimentos cocinados y menos alimentos perecederos, con más alimentos de origen animal en la mayoría de los casos. Por otra parte, una persona nacida en noviembre se ha nutrido, a través de la dieta de su madre durante el embarazo, de más ali-

mentos de primavera y verano, incluyendo menos sal y menos alimentos cocinados, probablemente con más frutas, zumos, dulces y líquidos. En consecuencia, estas dos personas tendrán historias biológicas diferentes. Durante los nueve meses del embarazo, la constitución se ha desarrollado aumentando en casi tres mil millones su peso, repitiendo todo el proceso de la evolución biológica que va desde los organismos unicelulares hasta la emergencia de la vida a partir del agua. Sus diferencias son complementarias y antagónicas.

2.   En consecuencia, cualquier persona tiene una constitución que es antagónica y complementaria a la de la persona nacida en la estación y mes opuestos. Estas diferencias pueden servir como tendencias afables, aunque estas dos personas puedan tener dificultades recíprocas de comprensión. Las personas nacidas en el mismo mes o en la misma estación comparten constituciones y tendencias físicas y mentales similares. Pueden entenderse entre sí con más facilidad, aunque su atracción puede ser menor que la de las personas nacidas en meses y estaciones muy diferentes.

3.   No es sorprendente que las personas nacidas en el mismo mes o estación compartan los mismos o similares trastornos físicos y mentales, más que las personas nacidas en meses y estaciones muy diferentes:

—   Entre las personas nacidas en primavera y en verano existe un mayor potencial para verse afectados por una bronquitis, tuberculosis de pulmón y otros trastornos respiratorios; trastornos del riñón y excretores, y trastornos cardiacos y circulatorios.
—   Entre las personas nacidas en otoño y en invierno hay una tendencia a verse afectadas por trastornos digestivos, especialmente del hígado, vesícula biliar, bazo, páncreas e intestino delgado; enfermedades como la diabetes, el estreñimiento, la diarrea, úlceras de estómago y duodenales, y otras enfermedades relacionadas con estos órganos, y también trastornos nerviosos.

Estas diferencias en la fecha de la concepción y del nacimiento pueden clasificarse en dos amplios grupos generales: naturaleza de las personas nacidas en primavera y verano, y naturaleza de las personas nacidas en otoño e invierno. La línea divisoria cae a primeros de marzo y primeros de septiembre.

D) *El lugar de nacimiento e infancia.* Es importante considerar el lugar de nacimiento e infancia al diagnosticar las tendencias generales físicas y mentales. Las condiciones del entorno y atmosféricas influencian poderosamente las prácticas dietéticas durante el periodo del embarazo y del crecimiento tras el parto, lo cual tiene como consecuencia diferencias dietéticas significativas entre aquellos que han nacido y crecido en un clima más caliente y aquellos que han nacido y crecido en un clima más frío. Los primeros tienden a comer alimentos más ligeros y menos cocinados, incluyendo verduras crudas, frutas, zumos y dulces, mientras que los últimos tienden a comer cereal más salado y bien cocinado, judías y verduras con más alimentos de origen animal.

Estas diferencias también pueden observarse entre las personas que nacieron cerca del mar, las que proceden de llanuras y las originarias de las montañas. Las que nacieron y crecieron cerca del mar tienden a comer más crustáceos; las personas de las montañas tienden a comer más alimentos bien cocinados; y las personas de las llanuras tienden a comer una dieta más corriente.

También podemos ver importantes diferencias entre las personas nacidas en la ciudad y las personas nacidas en el campo. Aquellas que han nacido en la ciudad, especialmente en los tiempos actuales, han consumido más alimentos comerciales producidos en masa; mientras que quienes han nacido y crecido en el campo han comido alimentos de calidad más natural.

A partir de estas diferencias relativas al lugar de nacimiento e infancia, se desarrollan las diferentes constituciones físicas y mentales que muestran tendencias a determinados trastornos:

Lugar de nacimiento e infancia	*Trastornos potenciales*
Región más al norte y más fría; zona más montañosa.	Enfermedades de piel; acumulación de mucosidad y grasa; formación de tumores; trastornos del hígado y de la vesícula biliar.
Región más al sur y más cálida; zonas cerca del mar.	Trastornos de los intestinos, pulmones, riñones y vejiga, así como enfermedades nerviosas y relacionadas con la re-

Lugar de nacimiento e infancia	*Trastornos potenciales*
	producción. Algunas enfermedades de piel y tumores. Parálisis y artritis.
Zonas urbanas.	Trastornos complejos, especialmente de los intestinos, pulmones y funciones nerviosas, así como de los órganos reproductores.
Zonas rurales.	Trastornos más simples y diferenciados. Menos trastornos digestivos, de reproducción y nerviosos.

E) *La dieta durante el embarazo y el periodo de crecimiento.* La calidad de los alimentos consumidos durante los periodos de embarazo y crecimiento tiene un efecto decisivo sobre la formación de la constitución, y determina todos los rasgos de la forma y estructura corporal, carácter y personalidad, así como la capacidad y el funcionamiento de los órganos y de las glándulas. Las tendencias generales son las siguientes:

Clases de alimentos comidos	*Tendencias*
Cereal, judías y verduras cocinadas.	Metabolismo generalmente armonioso, física y mentalmente activo y equilibrado. Menos desórdenes. Naturaleza más intuitiva y estética.
Verduras, especialmente menos cocinadas o crudas.	Más suave y escéptica. Trastornos de piel y de las funciones respiratorias y excretoras. Trastornos intestinales crónicos.
Frutos, zumos y nueces.	Más sentimental, nerviosismo, sensibilidad; naturaleza crítica. Trastornos y tendencia a la

Clases de alimentos comidos	Tendencias
	debilidad de los intestinos y de las funciones digestivas y de los órganos reproductores.
Productos lácteos.	Más suave, mente lenta; respuesta perezosa. Enfermedades de piel, formación de mucosidad y grasa; trastornos cardiacos y circulatorios; trastornos del hígado, de la vesícula biliar y del bazo; trastornos relativos a la reproducción; más quistes, tumores y formaciones cancerígenas.
Carne, volatería y huevos.	Más testarudez y exclusivismo, determinación; más interés material. Sentidos agudizados. Más capacidades mecánicas. Trastornos cardiacos y circulatorios, trastornos digestivos y del intestino delgado, formación de tumores y cáncer.
Azúcar, miel y otros dulces.	Ilusiones mentales, esquizofrenia, nerviosismo, obesidad, diabetes, enfermedades de piel, diversos trastornos de los órganos sensoriales y del sistema nervioso, trastornos crónicos digestivos, trastornos excretores y del riñón, debilidad reproductora.
Especias y estimulantes.	Irritabilidad, inseguridad emocional, presión sanguínea anormal, trastornos cardiacos y circulatorios, trastornos excretores y del riñón, algunas enfermedades de piel, irregularidad de las funciones reproductoras.

F) *Influencias familiares, sociales y culturales*. En la formación de la constitución física y mental, la forma tradicional de vida practicada en la familia, la comunidad inmediata y la cultura general, junto con la influencia de la educación, tienen una influencia importante. Estos factores regulan la forma de comer con unas determinadas pautas tradicionales, así como la forma de comportarse y de pensar.

Por ejemplo, los inmigrantes de Norteamérica tienen una tendencia a mantener las formas tradicionales de alimentación y comportamiento practicadas en sus países de origen durante la primera y la segunda generación en América. Igualmente, religiones como el catolicismo, el protestantismo, el budismo, el Islam, el judaísmo, el hinduismo, el taoísmo y el confucianismo ejercen una influencia tradicional en el comportamiento dietético, moral y ético. Los budistas tienden a comer más cereal y verduras, mientras que los protestantes tienen una variedad de prácticas dietéticas. El judaísmo incluye una práctica de hábitos dietéticos consuetudinarios, y los seguidores del islam tienden a utilizar más alimentos oleaginosos y con más especias.

La educación también puede contribuir a cambiar los hábitos dietéticos y sociales. Mientras que los que reciben menos educación tienden a seguir las prácticas familiares más tradicionales, los que han tenido más educación tienden a liberalizar su comportamiento dietético y social, e incluyen una variedad más amplia de suplementos nutritivos junto con alimentos comerciales. A este respecto, el nivel de prosperidad del país o de la sociedad también contribuye al cambio de comportamiento dietético y social de la población. Como consecuencia, la constitución mental y física de la gente cambia rápidamente a medida que cambian las condiciones modernas educativas, culturales y económicas. Por otra parte, quienes viven en zonas aisladas del desarrollo moderno tienden a mantener una constitución mental y física tradicional.

1. *Diagnóstico de los tipos de constitución*

En el arte del diagnóstico, la constitución puede ser determinada utilizando diversos métodos. Examinemos algunos de estos métodos:

A) *Estructura ósea*. La calidad de la constitución puede verse más en la estructura ósea, mientras que la calidad del estado de salud aparece más en los músculos, la piel y otras zonas periféricas del cuerpo. La constitución puede juzgarse sintiendo los huesos, especialmente en la zona de los hombros, los brazos y las piernas. Huesos más fuertes y sólidos indican una constitución más yang y fuerte, mientras que huesos más delgados y débiles indican una constitución más yin, débil y frágil. El primer tipo de personas tiene una tendencia a ser más activo en la vida física y social, mientras que las segundas tienden a ser más activas en la vida mental y artística.

B) *Estado de los músculos y de la piel*. Músculos más blandos muestran una constitución más yin, nutridos por más fluidos, verduras y frutas; mientras que músculos más firmes muestran una constitución más yang, nutrida por más cereales, judías y alimentos de origen animal, con más minerales. El estado de la piel también constituye una indicación. Sin embargo, en comparación con los huesos, la condición de los músculos y de la piel puede cambiarse más a través de la dieta y del ejercicio, puesto que éstos están compuestos más por proteínas y grasas, mientras que los huesos están compuestos más por minerales. En consecuencia, aunque los músculos y la piel muestran la constitución que se ha desarrollado durante los periodos de embarazo y crecimiento, también muestran las actuales condiciones físicas y mentales. Los músculos más blandos y la piel más fina indican una naturaleza más adaptable y orientada hacia la mente, mientras que los músculos más firmes y una piel más gruesa muestran una naturaleza más activa y orientada hacia lo físico.

C) *La proporción de la cabeza y del cuerpo*. La proporción estándar de la cabeza respecto al cuerpo en longitud vertical es de 1:7 (fig. 4). Si la cabeza es menor, digamos en una proporción de 1:8, la constitución física y mental es más débil que la media, debido a la calidad de los alimentos consumidos durante el embarazo de la madre. Por otra parte, si la cabeza es verticalmente más grande que la media, digamos en una proporción de 1:6, esto indica que la constitución física y mental es mucho más fuerte que la media, y existe una tendencia a ser mucho más activo mentalmente y en la vida social.

Fig. 4. Proporción entre la cabeza y el cuerpo

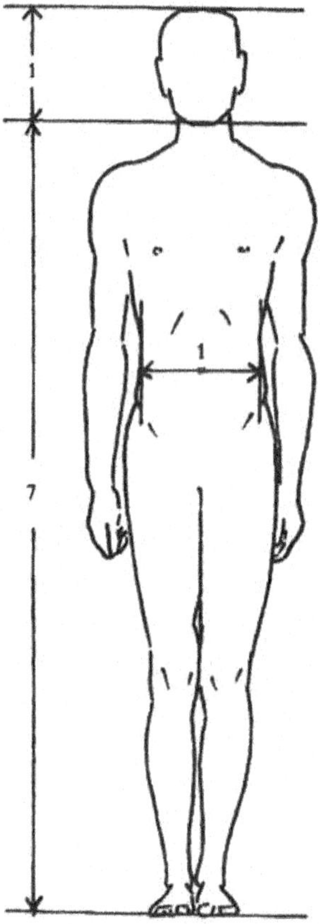

Fig. 5. Diferencias de peso

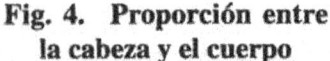

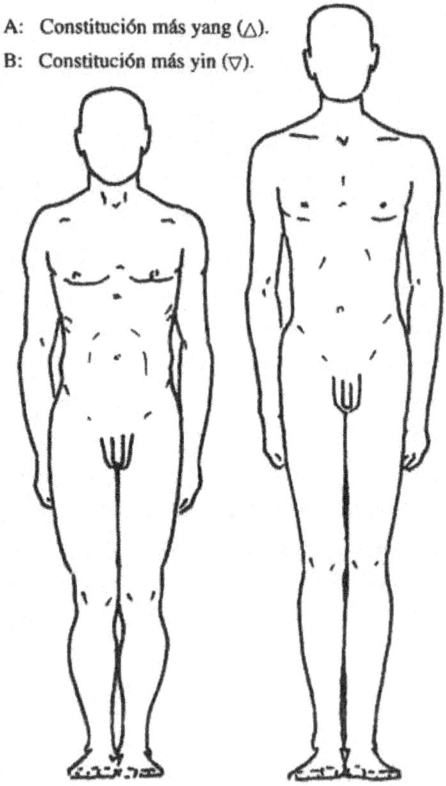

A: Constitución más yang ($\triangle$).

B: Constitución más yin ($\triangledown$).

D) *Peso*. Las personas más altas poseen una constitución más yin, mientras que las personas más bajas poseen una constitución más yang (fig. 5). Las primeras tienden a desarrollar capacidades más mentales y a ser más propensas a trastornos nerviosos y respiratorios. Las segundas tienden a involucrarse en una vida más activa física y socialmente, con una tendencia a ser más propensas a trastornos digestivos y circulatorios.

E) *Ángulo de los hombros*. Aquellos que tienen los hombros más caídos tienen un carácter más femenino, con una naturaleza de aprecio estético y artístico; mientras que aquellos que tienen hombros más cuadrados poseen un carácter más masculino y tienden a apreciar más las actividades físicas y sociales, así como el pensamiento intelectual (fig. 6). Si los hombros tienen una conformación más redonda con músculos equilibrados, esto indica un carácter más equilibrado que abarca tanto las actividades mentales y físicas, así como tendencias estéticas e intelectuales.

Fig. 6. Ángulo de los hombros

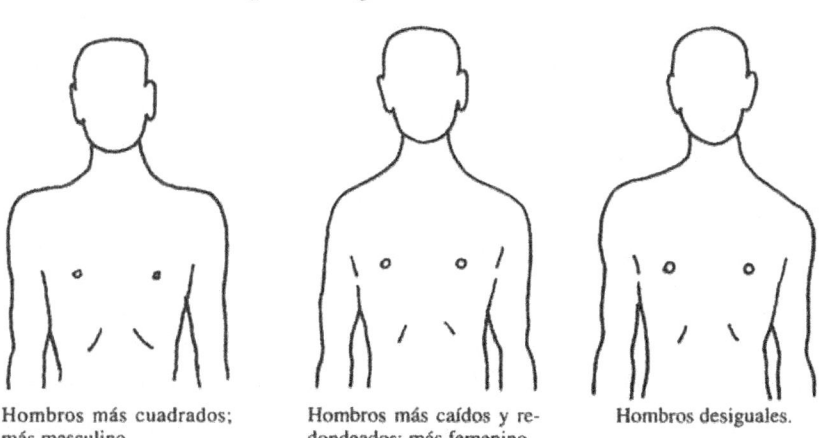

Hombros más cuadrados; más masculino.

Hombros más caídos y redondeados; más femenino.

Hombros desiguales.

Si los hombros son desiguales —un lado es más alto que el otro—, esto indica que los órganos del lado del hombro más alto son más débiles que los órganos del lado del hombro más bajo, y especialmente en el caso de los pulmones y el intestino grueso.

F) *Las manos y los pies*. Manos y pies más grandes y gruesos provienen de una dieta más yang durante el periodo de embarazo, que produjo una fuerte constitución interna, combinada con una dieta más yin durante el periodo de crecimiento, que tuvo como consecuencia una expansión periférica. Este tipo de personas tiende a ser fuerte en los estados mentales y físicos internos, pero también flexible y artística en la actividad social e intelectual. Por otra parte, las personas con manos y pies más pequeños indican fuerza física, pero menos actividad en la vida mental.

Dedos largos y sensibles de las manos y de los pies indican una naturaleza que aprecia más los mundos emocionales, artísticos y estéticos, mientras que dedos cortos y rechonchos de manos y pies indican una naturaleza físicamente más activa, con una resistencia mayor al entorno, pero menos interés por los asuntos mentales y espirituales.

G) *Otros rasgos.* Pueden utilizarse otros muchos rasgos físicos para diagnosticar la constitución, y muchos de ellos se expondrán posteriormente en este libro. Entre ellos se halla el diagnóstico por la forma del rostro y de la cabeza, los dientes, el tamaño y la forma de la boca y de los ojos, la longitud y el ángulo de las cejas, la postura y el comportamiento, así como otros factores.

Relaciones antagónicas y complementarias en la estructura y la función humanas

En el diagnóstico, se hacen observaciones prácticas encontrando las relaciones antagónicas y complementarias de la estructura y de la función que aparecen en la constitución en el estado físico. Entre las numerosas relaciones antagónicas y complementarias, algunas de las más importantes se exponen en la siguiente sección.

1. *La cabeza y la cara manifiestan el estado interno del cuerpo*

A) *Correlaciones cara-órganos.* Durante el periodo embriónico y fetal, el ombligo funcionaba como centro de toda la estructura corporal. En el momento del parto y también posteriormente, este centro cambió hacia la boca y la zona del cuello. Desde este punto, se desarrollaron extensiones superiores e inferiores: la cabeza como la esfera superior y el cuerpo como la esfera inferior. En consecuencia, tienen una correlación recíproca muy clara, representando la parte inferior de la cabeza la parte superior de la zona del cuerpo (con excepción de la boca y la cavidad bucal, que indican el estado digestivo); la parte media de la zona de la cabeza representa la parte media de la zona del cuerpo, y la parte superior de la zona de la cabeza representa la parte inferior del cuerpo. Según este principio, cada zona de la cara manifiesta cada uno de los órganos del cuerpo y sus funciones (fig. 7).

Fig. 7   Correlaciones cara-órganos

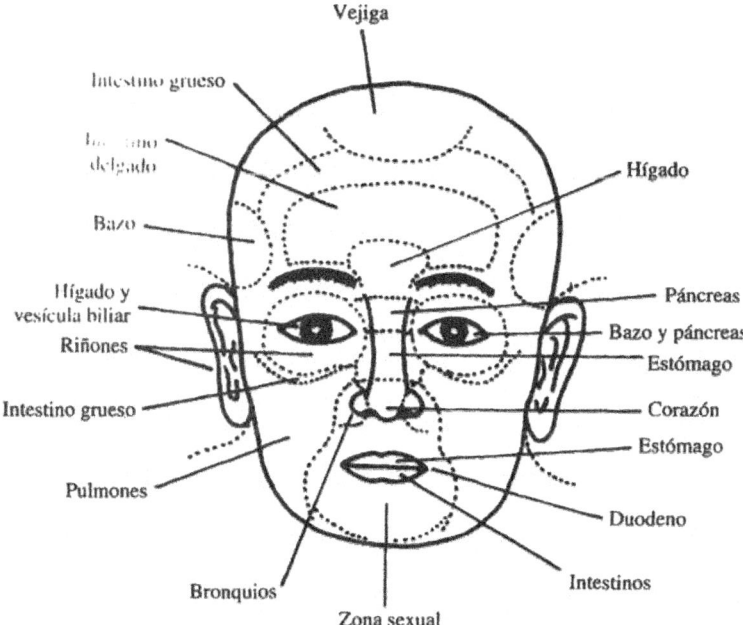

1. El estado de las mejillas indica el estado de los pulmones y sus funciones.
2. La punta de la nariz representa el corazón y sus funciones, mientras que las ventanas de la nariz representan los bronquios que conectan con los pulmones.
3. La parte media de la nariz representa el estómago, y la parte superior de la nariz representa el estado del páncreas.
4. Los ojos representan los riñones, así como el estado de los ovarios en el caso de las mujeres, y de los testículos en el caso de los hombres. Igualmente, el ojo izquierdo representa el estado del bazo y del páncreas, mientras que el ojo derecho representa el hígado y la vesícula biliar.
5. La zona que se encuentra entre las cejas indica el estado del hígado, y las sienes de ambos lados indican el estado del bazo.
6. La frente en su totalidad representa el intestino delgado, y la región periférica de la frente representa el intestino grueso.
7. La parte superior de la frente muestra el estado de la vejiga.

8. Los oídos representan los riñones: el oído izquierdo, el riñón izquierdo, y el oído derecho, el riñón derecho.
9. La boca en su totalidad representa el estado de todo el aparato digestivo. De una forma más concreta, el labio superior representa el estómago; el labio inferior representa el intestino delgado en la parte interna del labio y el intestino grueso en la parte más periférica del mismo. Las extremidades de los labios representan el estado del duodeno.
10. La zona que se halla alrededor de la boca representa los órganos sexuales y sus funciones.

B) *Principales sistemas de correlaciones de la cara.* Durante el periodo embriónico, todos los sistemas principales del cuerpo, concretamente (1) los sistemas digestivo y respiratorio, (2) el sistema nervioso, y (3) los sistemas excretor y circulatorio, se reúnen para formar toda la estructura facial, compartiendo cuatro zonas generales de la cara (fig. 8).

a) La parte inferior de la cara alrededor de la boca es limitada por líneas procedentes de los lados de la nariz.

Fig. 8. Principales sistemas de correlación de la cara

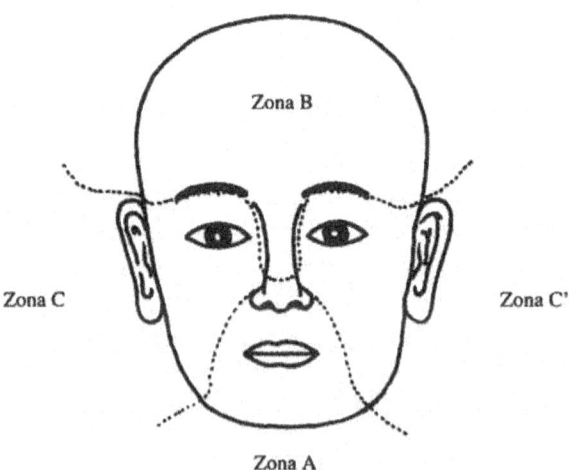

C. y C'. Ambos lados de la cara, incluidos los ojos, las mejillas y los oídos.

b) La parte superior de la cara, incluida la nariz, es limitada por
las cejas.

Las zonas delineadas en esta ilustración corresponden a los siguientes órganos y funciones del cuerpo:

Zona A: El estado de la boca, labios, lengua, cavidad bucal y zona alrededor de la boca indican las funciones digestivas en su
totalidad. Esta zona también se relaciona parcialmente con la
función respiratoria, especialmente en su zona periférica.

Zona B: El estado de la frente y su periferia, incluidas las sienes y las
cejas, representa el estado del sistema nervioso en su totalidad.

Zonas C y C': Las zonas laterales de la cara, incluidos los ojos,
las mejillas y las orejas, representan el estado y las funciones
de los sistemas circulatorio y excretor en su totalidad.

C) *Correlaciones entre la cabeza, los sistemas y los órganos.* La
cabeza puede dividirse en varias zonas, cada una de las cuales refleja
el estado de determinados sistemas y órganos (fig. 9).

A) La parte central de la cabeza en donde se localiza la coronilla
representa el estado del corazón y del intestino delgado.

B) La región que rodea la zona A representa el sistema y las funciones digestivas, incluido el esófago, el estómago, el duodeno y el intestino grueso.

Fig. 9. Correlaciones entre la cabeza, los sistemas y los órganos

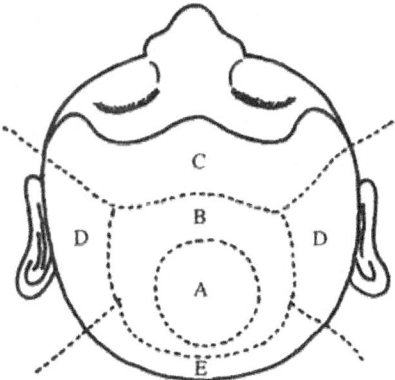

C) La parte frontal de la cabeza representa las funciones excretoras, incluidos los estados de los riñones y de la vejiga.

D) Ambos lados de la cabeza por encima de las orejas muestran el estado del aparato respiratorio, incluidos los pulmones y el estado de los bronquios.

E) La parte de atrás de la cabeza representa el estado del riñón, del bazo y del páncreas.

F) Toda la zona periférica de la cabeza representa el sistema circulatorio y su estado.

D) *Correlación entre la cabeza y las nalgas.* Respecto a la relación entre las partes superior e inferior del cuerpo, la zona de la cabeza corresponde a la zona de las nalgas por el hecho de que la cabeza es la parte superior en la que termina el sistema nervioso y las nalgas constituyen el extremo inferior. Por ello, determinadas zonas de las nalgas corresponden a ciertas zonas de la cabeza y del cerebro (fig. 10). La tensión y otros estados anómalos del cerebro también aparecen en los estados de los músculos y de los tejidos de la zona de las nalgas.

Fig. 10. Correlaciones entre la cabeza y las nalgas

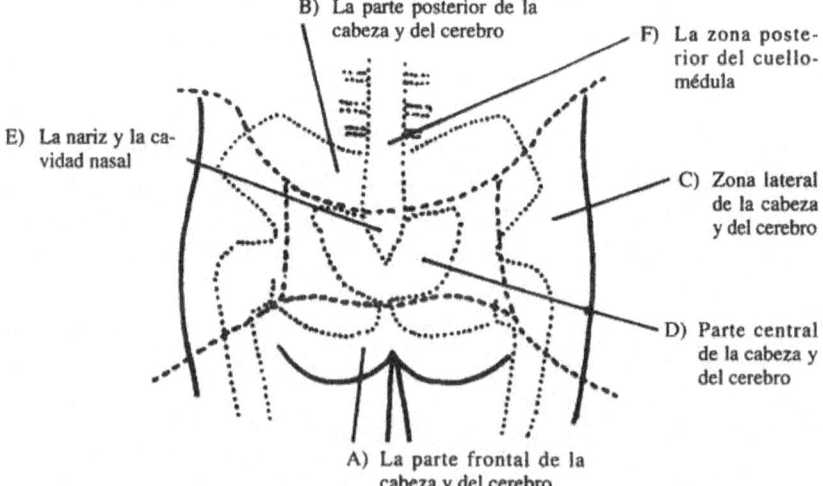

A) La zona inferior de las nalgas corresponde a la parte frontal de la cabeza y del cerebro.

B) La parte superior de la zona de las nalgas corresponde a la zona posterior de la cabeza y del cerebro.

C) Las zonas laterales de las nalgas corresponden a las zonas laterales de la cabeza y del cerebro.

D) La zona central de las nalgas corresponde a la parte central de la cabeza y del cerebro.

E) La zona del cóccix representa la nariz y la cavidad nasal.

F) La columna vertebral inferior cercana a la cintura corresponde a la médula y a la zona posterior del cuello.

2. *Las partes periféricas del cuerpo, como las manos y los pies, reflejan el estado del interior del cuerpo.*

A) *Las palmas de las manos.* Las palmas representan el estado de los sistemas y funciones internas como un todo, concretamente (1) el sistema digestivo y respiratorio, (2) el sistema nervioso, y (3) los sistemas circulatorio y excretor (véase fig. 11).

Fig. 11. Principales sistemas de correlación de la palma de la mano

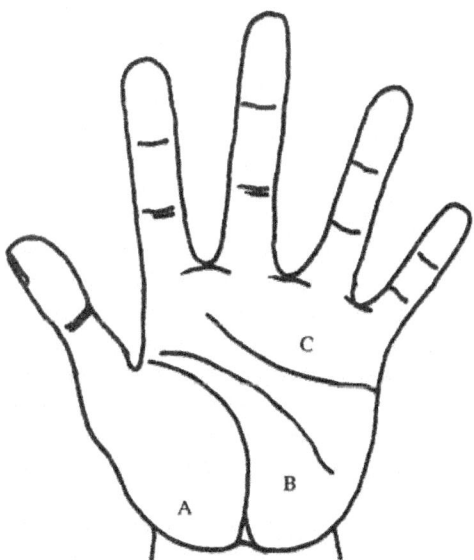

La línea A y la zona relacionada con ella en la palma de la mano y en la base del pulgar representan las funciones digestivas y respiratorias, incluido el estado del esófago, del estómago, del intestino delgado, del intestino grueso y de los pulmones.

La línea B y la zona conectada con dicha línea representa el sistema nervioso, incluidas las funciones del cerebro y del sistema nervioso central, así como los nervios periféricos.

La línea C y la zona que la rodea representan los sistemas circulatorio y excretor, incluido el estado del corazón, los riñones y la vejiga.

Fig. 12.   Correlación entre los dedos y los principales sistemas y órganos del cuerpo

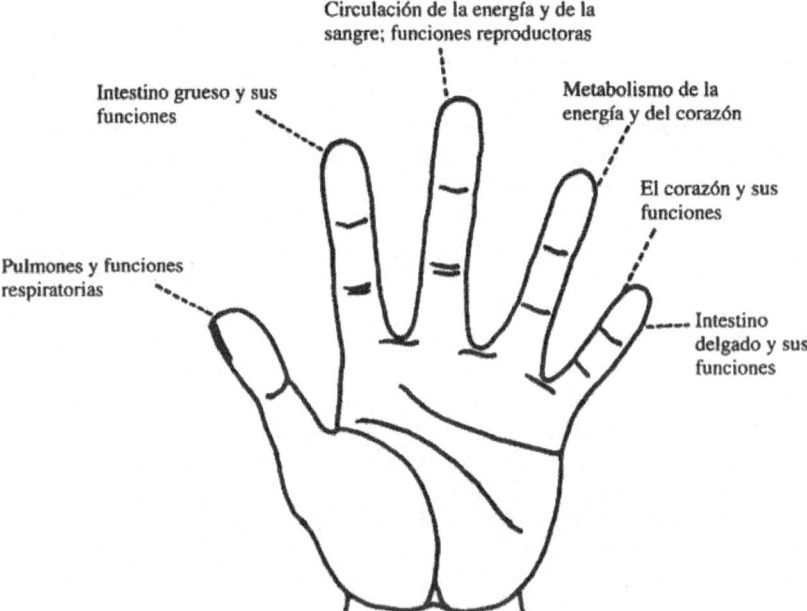

Circulación de la energía y de la sangre; funciones reproductoras

Intestino grueso y sus funciones

Metabolismo de la energía y del corazón

El corazón y sus funciones

Pulmones y funciones respiratorias

Intestino delgado y sus funciones

B)   *Los dedos.* Los dedos representan los órganos y funciones localizados en la parte superior del cuerpo, concretamente en los pulmones y el corazón; y en la parte inferior del cuerpo, concretamente el intestino delgado y el intestino grueso, así como sus funciones relacionadas, tales como la circulación y el metabolismo del corazón. Cada dedo corresponde a una determinada función (fig. 12).

El pulgar representa el estado y las funciones de los pulmones y de las actividades respiratorias.

El dedo índice representa el intestino grueso y sus funciones.

El dedo corazón representa la energía vitalizada alrededor del corazón y las funciones circulatorias, incluida la vitalidad reproductora.

El dedo anular representa la actividad de eliminación de la energía excesiva de las zonas de la cabeza, el estómago y los intestinos: energía y metabolismo del corazón.

El dedo meñique representa el estado y las funciones del corazón y del intestino delgado.

C) *Los pies.* Los pies también representan el estado de todo el cuerpo. Puesto que el cuerpo y los pies están involucrados en el equilibrio corporal de las relaciones vertical y horizontal, cada parte de los pies se relaciona con cada parte del cuerpo, y el estado que aparece en cada zona de los pies corresponde al estado de los órganos y de las funciones de las partes correspondientes del cuerpo (fig. 13).

1. Los puntos A, B, y C corresponden, respectivamente, a los riñones, corazón y estómago y centro abdominal.
2. La zona del metatarso interior del pie (D) bajo el dedo gordo corresponde a los hombros y a los omóplatos, mientras que la zona del metatarso exterior (E) corresponde a los pulmones y a las funciones respiratorias.
3. La zona interna media (F) de los pies representa la nariz y la cavidad bucal, (G) la garganta y las cuerdas vocales, y (H) los bronquios y la zona del diafragma.
4. La zona media exterior de los pies (I) representa el estómago, el duodeno y la zona superior de los intestinos.
5. La zona inferior interna (J) corresponde a la zona de los intestinos, especialmente en su parte media.
6. El talón (K) en su totalidad corresponde a la zona inferior de los intestinos, el recto y el útero.
7. La línea que recorre la línea exterior del pie (L) representa la columna vertebral y los músculos que recorren la columna, así como el meridiano relacionado con las funciones de la vejiga.

Fig. 13. Correlaciones entre los pies y el cuerpo

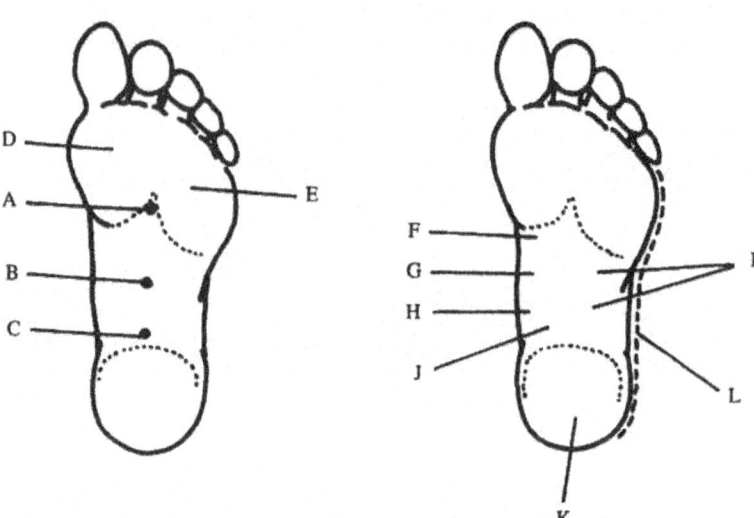

Fig. 14. Correlaciones entre los dedos de los pies y los órganos

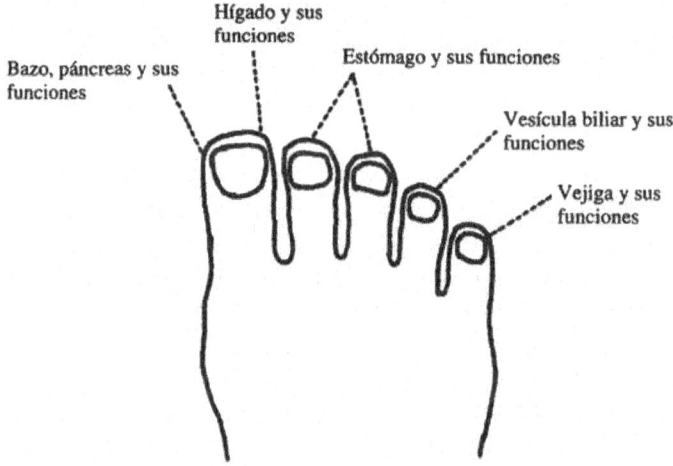

D) *Los dedos y las uñas de los pies.* Los dedos y las uñas de los pies representan los órganos y sus funciones que están localizados en la zona media del cuerpo, concretamente en el bazo, páncreas, hígado, estómago, vesícula biliar y vejiga (fig. 14).

El primer dedo y su uña corresponden al bazo, páncreas y sus funciones, especialmente en la zona externa. También corresponden al hígado y sus funciones, especialmente en la zona interna.

El segundo y tercer dedo y sus uñas representan el estómago y sus funciones. El segundo dedo representa más el órgano del estómago y sus funciones, y el tercer dedo representa más las funciones del esfínter y el duodeno.

El cuarto dedo y su uña corresponden a la vesícula biliar y sus funciones.

El quinto dedo y su uña corresponden a la vejiga y sus funciones.

Las zonas que están justo debajo de cada dedo en la planta del pie corresponden a determinados órganos y funciones (fig.15).

A) La zona que se halla bajo el segundo dedo: funciones del corazón y circulación.

B) La zona bajo el tercer dedo: funciones del bazo y circulación linfática.

Fig. 15. Zonas de la base de los dedos de los pies y su correlación con las funciones principales del cuerpo

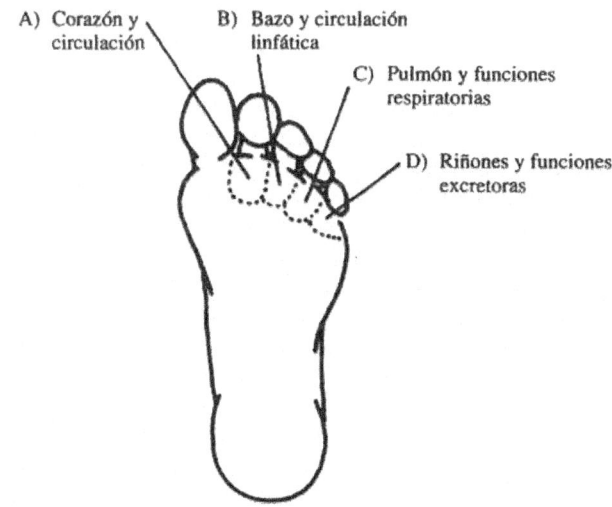

A) Corazón y circulación
B) Bazo y circulación linfática
C) Pulmón y funciones respiratorias
D) Riñones y funciones excretoras

C) La zona que se halla bajo el cuarto dedo: funciones de los pulmones y respiración.

D) La zona que se halla bajo el quinto dedo: funciones de los riñones y sistema excretor.

3. Estado de la parte anterior y posterior del cuerpo

La parte anterior y posterior del cuerpo mantienen una relación antagónica y complementaria, y cada zona de la parte anterior tiene una relación con la zona correspondiente de la parte posterior. El estado que aparece en los órganos de la parte anterior reflejan las condiciones de la parte posterior, y viceversa. He aquí algunos ejemplos para el diagnóstico.

A) *Puntos de entrada YU y puntos de unión BO.* Los puntos localizados en la parte anterior del cuerpo y los puntos localizados en la parte posterior, en relación con determinados órganos y funciones, se conocen como Puntos de entrada YU y Puntos de unión BO (fig. 16).

1. Estos puntos de la parte posterior se conocen como Puntos de entrada YU, en los que se forman las espirales de energía del entorno o de la fuerza electromagnética, que forman y alimentan la energía de los órganos y activan sus funciones.

2. Estos puntos localizados en la parte anterior se conocen como Puntos de unión BO, que reúnen las energías que han nutrido y hecho funcionar los respectivos órganos. La energía se une en estos puntos, y a partir de ellos se distribuye y es eliminada hacia el entorno periférico a través de los brazos y dedos, de las piernas y de los dedos de los pies, formando las líneas electromagnéticas conocidas como *meridianos.* Estos meridianos y su flujo electromagnético se utilizan en los diversos tratamientos de medicina oriental, como la acupuntura, la moxibustión, el masaje shiatsu y la curación a través de la palma de las manos.

B) *Correlación entre las zonas anterior y posterior.* Las zonas generales de la parte posterior tienen una correlación con determinados órganos de la parte anterior y sus funciones (fig. 17).

Fig. 16. Puntos de entrada YU y Puntos de unión BO

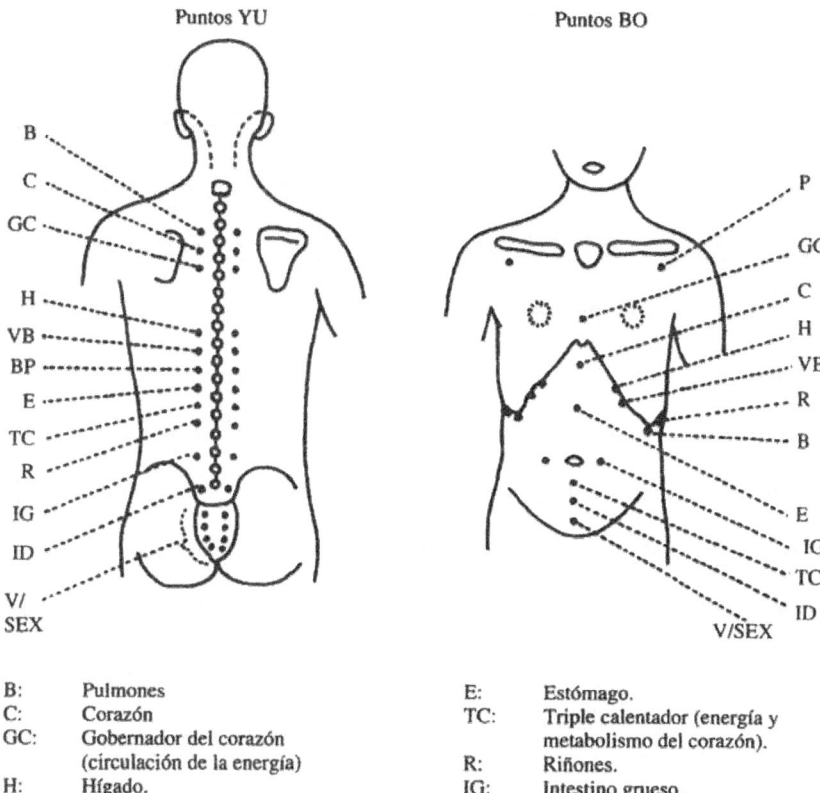

Puntos YU   Puntos BO

B:	Pulmones	E:	Estómago.
C:	Corazón	TC:	Triple calentador (energía y
GC:	Gobernador del corazón		metabolismo del corazón).
	(circulación de la energía)	R:	Riñones.
H:	Hígado.	IG:	Intestino grueso.
VB:	Vesícula biliar.	ID:	Intestino delgado.
BP:	Bazo y páncreas.	V/SEX:	Vejiga y funciones sexuales.

1.   La parte posterior de la cabeza (A) tiene una correlación con las funciones de los ojos y los procesos visuales, y con la nariz y la respiración.

2.   La zona posterior del cuello (B), incluida la zona de la médula oblonga hacia abajo hasta el extremo de los omóplatos, tienen correlación con la cavidad bucal, las cuerdas bucales y las funciones respiratorias.

3.   La zona posterior superior (C) de la región torácica tiene relación con los pulmones, los bronquios y las funciones respiratorias, así como con el intestino grueso y sus funciones.

Fig. 17. Correlaciones entre la parte anterior y posterior

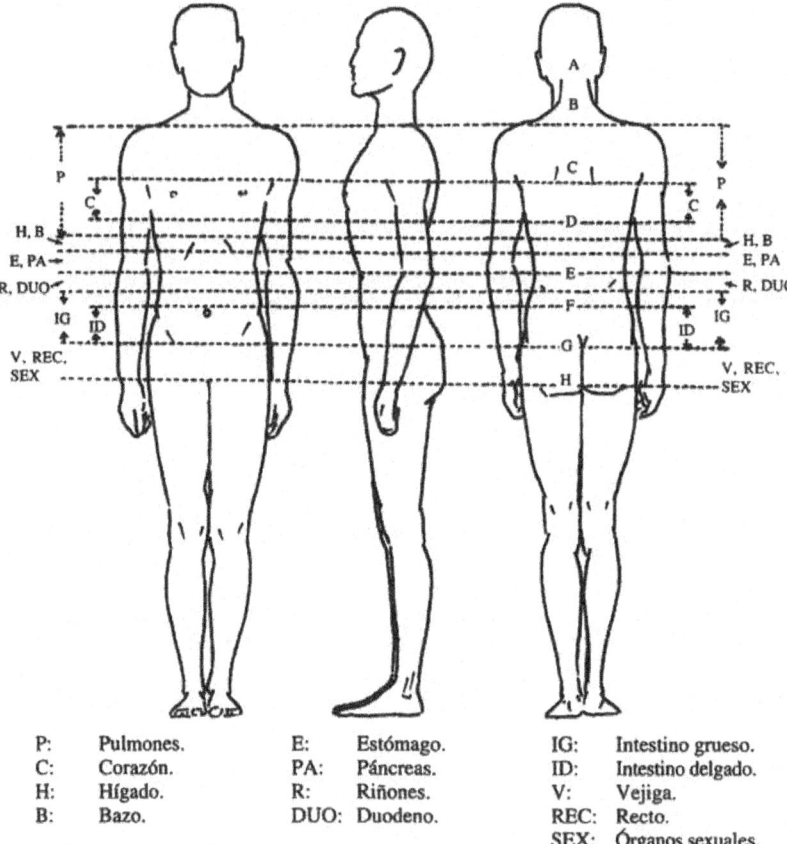

P:	Pulmones.	E:	Estómago.	IG:	Intestino grueso.
C:	Corazón.	PA:	Páncreas.	ID:	Intestino delgado.
H:	Hígado.	R:	Riñones.	V:	Vejiga.
B:	Bazo.	DUO:	Duodeno.	REC:	Recto.
				SEX:	Órganos sexuales.

4. La parte posterior inferior (D) de la región torácica tiene correlación con la parte inferior de los pulmones y sus funciones, el diafragma, el hígado, la vesícula biliar, el bazo y sus funciones.

5. La región posterior media (E) tiene correlación con el estómago, el páncreas y sus funciones, así como con el duodeno, los riñones y sus funciones.

6. La región que se encuentra justo encima del pecho (F) tiene correlación con el colon transverso, la parte superior del intestino delgado y sus funciones.

7. La región de la cintura (G) tiene correlación con la parte infe-

rior del intestino delgado, el colon ascendente, el colon descendente y sus funciones.

8. La región del sacro y de las nalgas (H) tiene correlación con
   el recto y sus funciones, el útero, los ovarios, la próstata, los
   testículos y otros estados de reproducción y sus funciones.

9. En general, la zona más periférica de la parte posterior (I) refleja la parte más central de la parte anterior del cuerpo, concretamente la región digestiva y los órganos relacionados con
   ella, mientras que la zona media de la parte posterior (J) representa las funciones circulatorias relacionadas con los órganos y sus procesos, así como con las funciones excretoras
   (fig. 18).

10. La parte central de la región posterior (K) representa el siste-
    ma nervioso y sus funciones relacionadas con los órganos in-
    ternos.

Fig. 18.   Correlaciones verticales entre la parte anterior y posterior

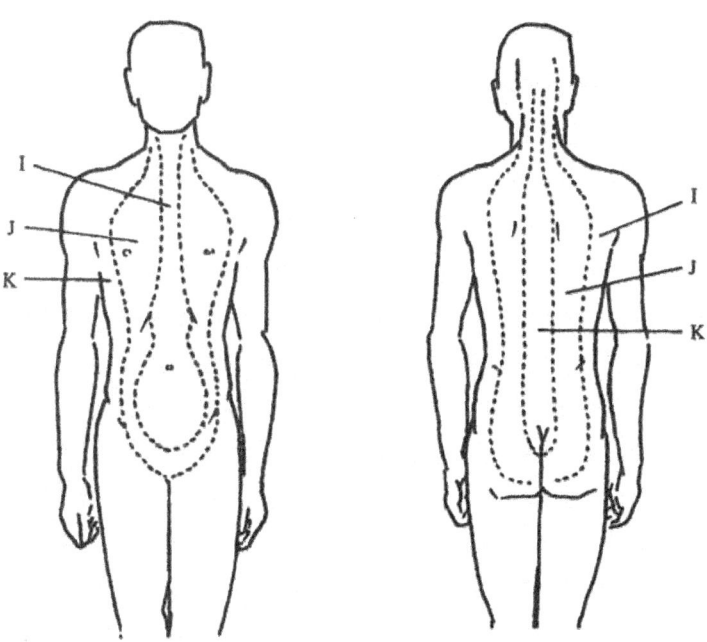

4. *Una parte manifiesta el todo*

Al igual que la totalidad del cuerpo humano es una miniatura del universo, una parte del cuerpo también es una miniatura de todo el cuerpo, y tiene el reflejo aparente del estado del todo. En términos prácticos, a partir del estado de cada órgano, es posible ver el estado de todo el cuerpo. Incluso una sola célula o un solo cabello representa el estado de todo el cuerpo. A objeto del diagnóstico es conveniente conocer algunos ejemplos como los expuestos a continuación.

A) *Los ojos.* Los ojos reflejan el estado de todos los órganos y funciones del cuerpo. Existe un estudio llamado «iridología» que examina la relación entre el estado del iris y el estado de los órganos. Sin embargo, puede ser más conveniente examinar también el blanco de los ojos, para diagnosticar el estado de salud general de todo el cuerpo. Las orientaciones para ello se ilustran en la figura 19.

La zona exterior del blanco de los ojos, que cubre las secciones 1 a 6, representa la parte anterior del cuerpo:

Segmento 1.   La zona que va desde la parte anterior de la cabeza hasta la cara.

Segmento 2.   Desde la cara y el cuello hasta los pulmones.

Fig. 19. Correlaciones entre el globo ocular y los órganos y sistemas del cuerpo

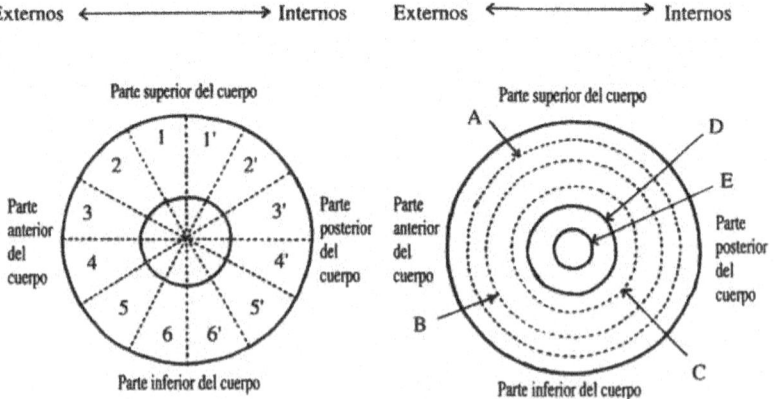

Segmento 3. De los pulmones y el corazón hasta el estómago, el páncreas, el hígado y el bazo.

Segmento 4. La región comprendida entre estos órganos y la parte media del cuerpo hasta el duodeno y la parte superior del intestino grueso y delgado.

Segmento 5. La parte inferior de los intestinos.

Segmento 6. La región de la vejiga y de los órganos reproductores.

La zona interna de las secciones 1'-6' representa la parte posterior de la cabeza, cuello y cuerpo:

Segmento 1'. La zona de la parte posterior de la cabeza y del cerebro.

Segmento 2'. La zona que va desde la médula oblonga hasta los hombros y la parte superior de la zona posterior de los pulmones.

Segmento 3'. Desde la parte media inferior de los pulmones hasta el hígado, el bazo y los riñones.

Segmento 4'. Desde los riñones y la uretra hasta la zona posterior de la parte superior de los intestinos.

Segmento 5'. La parte inferior de los intestinos, especialmente la zona posterior.

Segmento 6'. La vejiga y los órganos reproductores, especialmente sus zonas posteriores.

Además, los principales sistemas y sus funciones aparecen como sigue (referirse a la fig. 19):

1. La zona a lo largo de la Línea A, el borde exterior del blanco del ojo, representa el sistema digestivo y sus funciones.

2. La zona a lo largo de la Línea B, el lado interno del blanco del ojo, representa el sistema nervioso y sus funciones.

3. La zona a lo largo de la Línea C representa las funciones circulatorias y excretoras.

4. La zona a lo largo de la Línea D, el borde exterior del iris, representa las funciones del sistema nervioso autónomo, especialmente de la actividad nerviosa ortosimpática.

5. La zona a lo largo de la Línea E, el borde exterior de la pupila, también representa las funciones del sistema nervioso autónomo, especialmente los nervios parasimpáticos.

B) *Las orejas.* Las orejas también representan la totalidad del cuerpo, y determinadas partes de la oreja manifiestan el estado de ciertos órganos (fig. 20).

1. Zona 1, la parte superior de la oreja representa la parte inferior del cuerpo, incluidos el intestino grueso y delgado, la vejiga, los órganos reproductores y sus funciones.
2. La zona 2 representa la parte media del cuerpo, incluido el estómago, el hígado, el bazo, el páncreas, el duodeno y sus funciones.
3. La zona 3 representa la parte superior del cuerpo, incluidos los pulmones, el corazón, los bronquios, los hombros y sus funciones.
4. La zona 4 representa la región de la cabeza y del cerebro, incluida la médula oblonga, el cuello y la cara y sus diversos órganos —como los ojos, la nariz, las orejas y la boca—, el cerebro y las glándulas de toda la cabeza considerada como un todo.
5. La zona vertical más interna de la oreja (A) representa los sistemas digestivo y respiratorio y sus funciones.
6. La zona vertical (B) de toda la oreja representa el sistema nervioso y sus funciones.
7. El ala más periférica de toda la oreja (C) representa los sistemas circulatorio y excretor y sus funciones.

Fig. 20. Correlaciones entre el cuerpo y la oreja

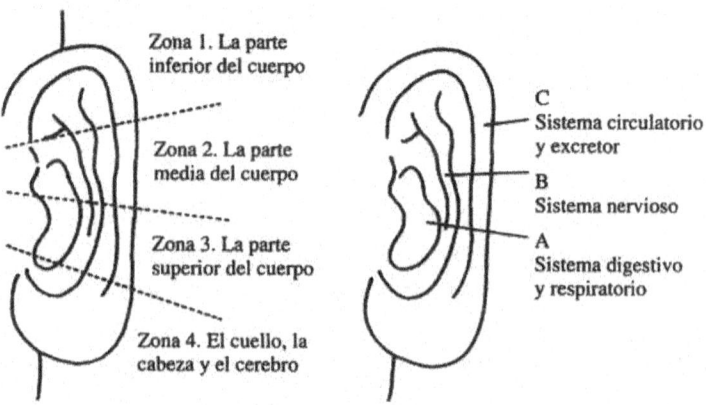

C) *La región abdominal.* La región abdominal puede utilizarse mediante el diagnóstico por presión, para detectar dureza, tirantez, rigidez y dolor. Cada zona de la región abdominal representa el estado y funciones de ciertos órganos correspondientes (fig. 21).

> *Zona A:* La región abdominal superior representa el estado del corazón y del intestino delgado.
> *Zona B:* El lado derecho de la región abdominal representa el estado de los pulmones y del intestino grueso.
> *Zona C:* El lado izquierdo de la región abdominal representa el estado del hígado y de la vesícula biliar.
> *Zona D:* La región abdominal inferior representa el estado de los riñones y de la vejiga.
> *Zona E:* La parte central de la región abdominal representa el estado del bazo, del páncreas y del estómago.

Fig. 21. La región abdominal y su correlación con los órganos

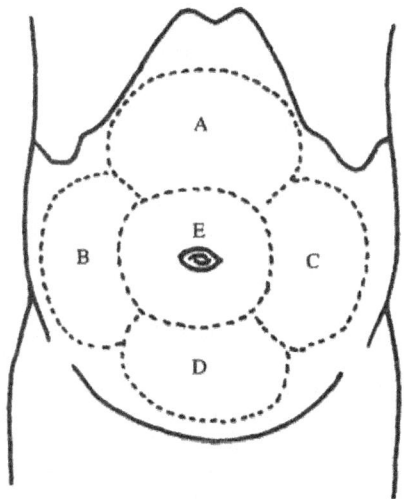

D) *Otros órganos y signos para el diagnóstico.* Además de los ejemplos anteriormente arriba, existen otras muchas formas en las que se manifiesta el estado de salud de todo el cuerpo en un determinado órgano o en una parte del cuerpo. Algunas de ellas son:

1. Las cejas representan los sistemas digestivo y nervioso, y su calidad como signo de longevidad.
2. Las líneas que van a ambos lados de la nariz hacia la boca manifiestan el estado de las funciones digestiva y circulatoria, y son otro signo de longevidad y vitalidad.
3. Las manos y los pies representan todo el cuerpo.
4. Las uñas de los dedos de las manos y de los dedos de los pies representan las funciones de los sistemas circulatorio y excretor.
5. El pelo representa las funciones digestivas, circulatorias y nerviosas.
6. Los dientes corresponden a la columna vertebral y a las vértebras, así como a los órganos conectados con cada vértebra.
7. La lengua representa todas las funciones digestivas, circulatorias y nerviosas.

En la segunda parte, estudiaremos estas interrelaciones en lo que concierne al diagnóstico de estados específicos de nuestro bienestar físico y mental.

Diagnóstico visual
de estudios específicos

Una parte manifiesta el todo;
el todo refleja a la parte.
Lo pequeño representa lo grande;
lo grande corresponde a lo pequeño.
A veces parecen ser lo mismo,
a veces parecen ser lo contrario;
pero todo ello parece un coro
para ensalzar la gloria
del universo infinito.

6 de enero de 1980

LOS principios generales del diagnóstico expuestos en la primera parte nos llevan a observar y a descubrir las diversas manifestaciones de los estados físico y mental. Estas manifestaciones indican el estado de los órganos internos y de sus funciones. Las artes del diagnóstico expuestas en la siguiente sección pueden utilizarse para reflexionar sobre nuestro propio estado de salud y ver el estado de salud de otras personas.

1. La boca y los dientes

La boca y los labios

La boca y los labios muestran la constitución general y el estado normal de cualquier persona, especialmente de los órganos y funciones del aparato digestivo. Como la boca y los labios constituyen el comienzo del sistema digestivo y la entrada a través de la cual consumimos los alimentos y las bebidas, reflejan con mucha claridad el estado interno del aparato digestivo, así como el estado del ano, que es el término de la zona digestiva y la salida de eliminación de cualquier alimento y fluido no digerido ni absorbido.

Una persona que posee una buena salud física y mental, así como fuerza, tendrá una boca que será lo mismo de ancha o estrecha que la anchura de la nariz (fig. 22). Este tipo de boca estrecha era la predomi-

Fig. 22. Tamaño de la boca

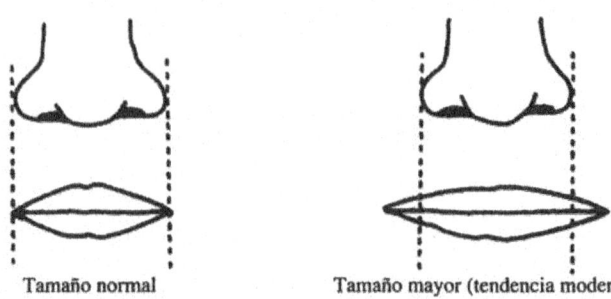

Tamaño normal   Tamaño mayor (tendencia moderna)

nante hasta hace pocas generaciones, pero las bocas de las personas actuales se han hecho rápidamente mucho más grandes, indicando en general la degeneración de la constitución física y mental. Si la boca de una persona es mucho más ancha que la anchura de las fosas nasales, esto indica que las funciones de los órganos y de las glándulas son débiles, y que las capacidades físicas y mentales para adaptarse y resistir al entorno también son débiles.

El aumento del tamaño de la boca en las personas actuales se debe al exceso de consumo de patatas y tomates, frutas y zumos, azúcar y otros endulzantes, aceite y grasa, café y otras bebidas, que son comidos por la madre y recibidos durante el embarazo a través de la sangre materna. Estos alimentos y bebidas producen una deficiencia en minerales. La excesiva ingestión de proteínas en proporción a la ingestión de hidratos de carbono también produce el desarrollo de una boca mayor.

Las diferentes zonas de la boca y de los labios corresponden a determinadas zonas del cuerpo, y del sistema digestivo en particular (fig. 23).

— *El labio superior* indica el estado de la parte superior del aparato digestivo, especialmente del estómago. La parte interior del labio superior corresponde a las extremidades superior e inferior del estómago. Las zonas periféricas del labio superior corresponden a la región media del estómago.

— *El labio inferior* indica el estado del aparato digestivo inferior, especialmente del intestino delgado y del intestino grueso. La zona interna del labio inferior corresponde al estado del intestino delgado, y las zonas periféricas del labio inferior corresponden al intestino grueso.

— *Los extremos de los labios* indican la zona media del aparato digestivo, especialmente el duodeno. El extremo derecho corresponde más a la reacción del duodeno a la secreción de bilis del hígado y de la vesícula biliar. El extremo izquierdo refleja más las funciones que resultan de las secreciones pancreáticas.

Fig. 23. Zonas de los labios que corresponden a determinados órganos

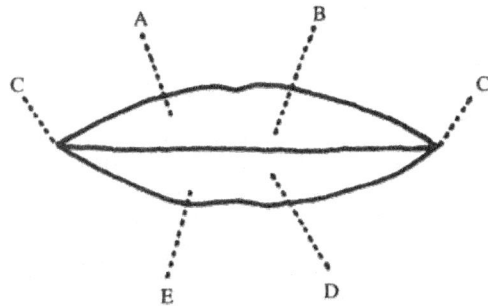

A: Zona del esófago.   D: Zona del intestino delgado.
B: Zona del estómago.   E: Zona del intestino grueso.
C: Zona del duodeno.

1. *Estados de salud generales*

El tamaño de la boca, incluida la longitud horizontal y la apertura vertical, indica la cualidad general de la constitución física y el estado de salud, especialmente la constitución y el estado del sistema digestivo (fig. 24).

A) *Una boca mayor tanto horizontal como verticalmente* es la consecuencia de un excesivo consumo de hidratos de carbono y de grasas, incluidos cereales y harinas refinados, patatas y frutas, azúcar y grasas de origen vegetal, durante los periodos embriónico y de crecimiento. Esta clase de boca se ve con mucha mayor frecuencia en las personas nativas de climas tropicales, en las que este tipo de alimentos

Fig. 24. Formas de la boca: tamaño

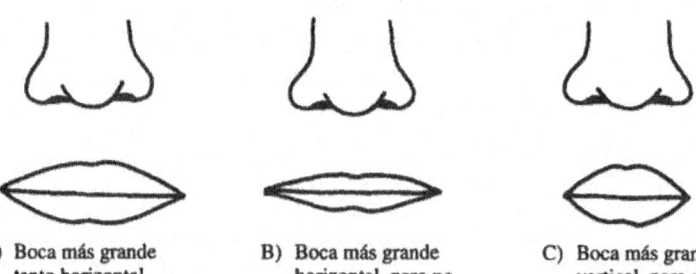

A) Boca más grande   B) Boca más grande   C) Boca más grande
   tanto horizontal   horizontal, pero no   vertical, pero no
   como verticalmente.   verticalmente.   horizontalmente.

suelen comerse más. En dichos casos, las partes periféricas del cuerpo, como la piel y los músculos, parecen más fuertes que los de la media, aunque los órganos internos, como el corazón, el hígado, el bazo y el intestino delgado, tienden a ser más débiles, y a perder firmeza. Éste es generalmente el tipo de constitución y estado yin.

B) *Una boca horizontalmente más ancha, pero normal desde el punto de vista vertical,* indica que la persona ha consumido, durante el periodo embriónico y de crecimiento, tanto alimentos de origen animal —como carne, volatería, huevos y productos lácteos— como alimentos vegetales refinados, tales como cereal refinado, productos a base de harina, azúcar y frutas, y diversas clases de refrescos. Las personas actuales han desarrollado rápidamente este tipo de boca, que indica una constitución física y mental desequilibrada: físicamente, al haber perdido la capacidad de resistencia, y, mentalmente, al haber perdido las cualidades de autodisciplina y perseverancia.

C) *Una boca más grande vertical pero no horizontalmente* indica que la persona ha consumido excesivas cantidades de sales y de otros minerales (yang) junto con productos lácteos, cereales y harinas refinados, frutas y azúcar, grasas y aceites, refrescos y otras bebidas (yin). Este tipo de boca indica una tendencia general hacia una debilidad crónica de los órganos y funciones digestivos. Este estado también se produce en personas que han recibido alimentos adecuados durante el periodo embriónico, pero que han consumido alimentos de cualidad más yin durante la infancia. Podemos decir que este tipo de personas es constitucionalmente yang, pero que posee un estado yin.

2. *Características especiales*

Además de las tendencias generales que se acaban de exponer, existen ciertos estados que muestran características diferentes, y éstos pueden cambiar lenta o rápidamente según los cambios del entorno y la clase de alimentos y bebidas consumidos. Los síntomas que se exponen a continuación reflejan estos estados cambiantes físicos y mentales.

A) *El color de los labios* cambian según las fluctuaciones de la calidad y circulación de la sangre. Diversos colores reflejan diferentes estados:

Color	*Estado*
Rojo rosáceo.	Buena calidad sanguínea y de circulación. Las funciones respiratorias, circulatorias y digestivas son normales y sanas.
Rojo vivo.	Los capilares sanguíneos están anormalmente dilatados, mostrando que la función respiratoria es anómala. La presión sanguínea tiende a ser mayor, y la velocidad de circulación tiende a ser más rápida. Este color aparece frecuentemente en los labios cuando existen infecciones o inflamaciones.
Blanco.	Los capilares sanguíneos pueden estar anormalmente contraídos; o puede haber una deficiencia de hemoglobina; o puede estarse produciendo un estancamiento y lentitud de la circulación sanguínea. Pueden producir este color en los labios la anemia, la leucemia y otros estados similares sanguíneos.
Rojo.	El plasma sanguíneo contiene excesivas sales, ácidos y composición grasa, lo que produce una lentitud y estancamiento de la circulación sanguínea, así como una contracción

Color	*Estado*
	anormal de los capilares sanguíneos. También indica trastornos del riñón y de las funciones de micción, así como las funciones del hígado y de la vesícula biliar.
Rojo oscuro.	A menudo crea este color un consumo excesivo de proteínas y de grasas saturadas, junto con un exceso de sales. Indica trastornos de las funciones cardiaca y circulatoria, de las funciones pulmonar y respiratoria, de las funciones del hígado y micción, así como trastornos en las funciones del hígado, la vesícula biliar, el bazo y el páncreas.
Blanco rosáceo.	Con frecuencia produce este color un excesivo consumo de productos lácteos, grasas, azúcar y frutas, lo cual indica un debilitamiento de las funciones linfáticas y trastornos hormonales. Muchas veces manifiestan este color también las alergias, los trastornos en la piel, la enfermedad de Hodgkin, el asma y otros trastornos circulatorios, respiratorios y hormonales similares.
Púrpura oscuro.	Estancamiento de la circulación sanguínea y funcionamiento defectuoso grave de las células sanguíneas, debido a prácticas dietéticas inadecuadas y a la degeneración de las funciones de órganos fundamentales como los intestinos, el hígado, el bazo, el riñón y los pulmones. Este color se conoce como un signo de que se aproxima la muerte física.

B) *Los colores anormales* pueden también aparecer en ciertas zonas de los labios durante un periodo relativamente corto de tiempo, indicando que existen estados anormales en determinadas partes del cuerpo. Por ejemplo:

Color	Estado
Sombra amarillenta.	Debido al excesivo consumo de volatería y huevos, productos lácteos —especialmente quesos—, así como otros alimentos que contienen una gran cantidad de grasas saturadas, sufren trastornos las funciones del hígado y de la vesícula biliar.
Manchas blanquecinas.	Se está eliminando una excesiva cantidad de alimentos y grasas. Indican trastornos temporales de las funciones digestiva, respiratoria y linfática.
Lunares negros.	Se está eliminando una excesiva cantidad de hidratos de carbono, azúcar refinado, miel y frutas. Indican trastornos de riñón y de las funciones de micción. Estos lunares también aparecen cuando se están acumulando grasas sólidas en el aparato digestivo.
Lunares rojizo oscuro.	Estancamiento de la circulación sanguínea en la zona del aparato digestivo que corresponde a la parte de la boca donde aparecen los lunares.

C) *Boca cerrada y boca floja.* Una boca que está cerrada de forma natural (A), excepto cuando se habla o se ríe, indica generalmente un sólido sistema nervioso y un estado digestivo y respiratorio normal (fig. 25).

Fig. 25.   Formas de la boca: flojedad

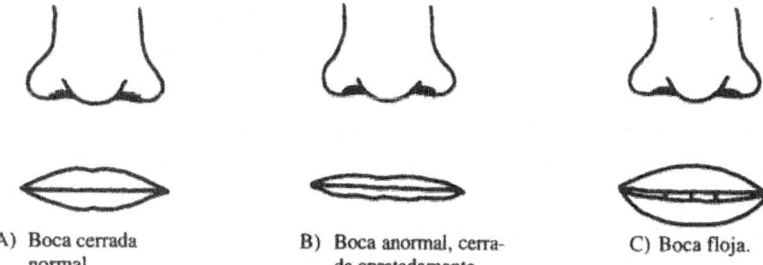

A) Boca cerrada normal.

B) Boca anormal, cerrada apretadamente.

C) Boca floja.

Sin embargo, una boca que está apretadamente cerrada en un grado anormal (B) indica trastornos del hígado, la vesícula biliar o los riñones, debido a un consumo excesivo de sales, carne, volatería, huevos y otros alimentos de origen animal. Por otra parte, una boca floja (C) indica trastornos de las funciones digestiva, respiratoria y excretora, y también de las funciones nerviosas, debido a un consumo excesivo de verduras crudas, frutas, zumos de frutas, azúcar y otros endulzantes, drogas y medicamentos, así como un excesivo consumo de comida y bebida en general.

D) *Los labios inflados* indican trastornos digestivos (fig. 26). Un labio superior inflado y dilatado indica trastornos estomacales, incluida la indigestión, debido a una excesiva ingestión de alimentos de pobre calidad. Un labio inferior hinchado y dilatado indica trastornos intestinales, incluida la indigestión, la producción de gases, el estreñimiento y la diarrea. De cada diez personas actuales, más de siete padecen al menos uno de estos trastornos, y su labio inferior está mucho más dilatado que su labio superior. Si el labio inferior hinchado y dilatado también está húmedo, el trastorno intestinal se ve acompañado de diarrea.

Fig. 26. Forma de la boca: labios hinchados

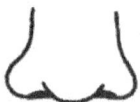

Labio superior hinchado: Labio inferior hinchado: Ambos labios hincha-
trastornos estomacales.   trastornos intestinales.   dos: trastornos estoma-
                                                                    cales e intestinales.

E) *Las costras producidas en las extremidades de la boca* indican trastornos digestivos debidos a un consumo excesivo de proteínas animales junto con alimentos oleaginosos y con grasas (fig. 27). Ese trastorno se produce especialmente en la zona del duodeno. Si la costra tiene un color amarillento, la segregación de bilis del hígado y de la vesícula biliar es anormal, debido al consumo de una gran cantidad de grasas saturadas procedentes de alimentos como la carne, la volatería, los huevos, el queso y pescados con grasas o mariscos.

Fig. 27. Boca con costra   **Fig. 28. Boca con pliegues verticales**

Formación de costra en la
extremidad de la boca.

Pliegues verticales en los labios.

F) *Los pliegues verticales que aparecen en los labios* indican un retroceso de las funciones hormonales, especialmente de las hormonas de las gónadas, e indican que las funciones sexuales están decayendo (fig. 28). Sin embargo, también estos pliegues aparecen en el caso de deshidratación, causada por la falta de líquido o por el consumo excesivo de alimentos secos y de sales.

G) *Una boca con un borde claramente definido* es el resultado de un volumen adecuado de comida y bebida, y muestra que el sistema digestivo tiene un estado generalmente saludable; mientras que una boca con un borde indefinido es el resultado de una ingestión de excesiva cantidad de comida y bebida, y muestra la debilidad de las funciones digestiva y excretora (fig. 29).

Fig. 29. Bordes de la boca

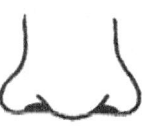

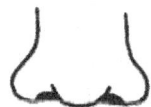

Bordes claramente
definidos.

Bordes indefinidos.

H) *La parte central de los labios está claramente delimitada* si la madre ha tomado durante el periodo de formación del feto alimentos equilibrados, especialmente ricos en minerales (fig. 30). Físicamente, esto indica que el corazón, el intestino delgado y la capacidad sexual están generalmente sanos; y mentalmente, indica la perseverancia de una fuerte orientación autónoma. Por otra parte, si la parte central de los labios no está claramente formada, esto indica una debilidad original en el corazón, en el intestino delgado y en la capacidad sexual, así como en el estómago y en las funciones pancreáticas, incluyendo una tendencia a las indigestiones. En este caso también puede desarrollarse un estado diabético, si se ha consumido una excesiva cantidad de endulzantes, frutas y alimentos grasos durante mucho tiempo.

Fig. 30. Parte central de los labios

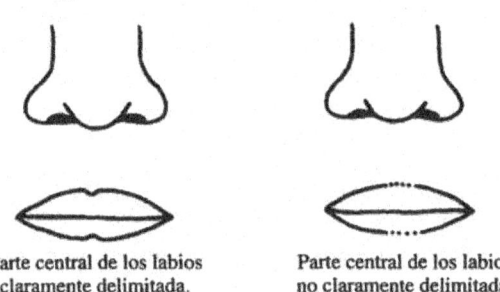

Parte central de los labios   Parte central de los labios
claramente delimitada.   no claramente delimitada.

I) *Cuando los puntos donde se unen el labio inferior y superior de la boca parecen ángulos de un cuadrado* cuando la boca está totalmente abierta o riendo, se llama «Boca del Diablo» (fig. 31). Este tipo

Fig. 31. «Boca del Diablo»

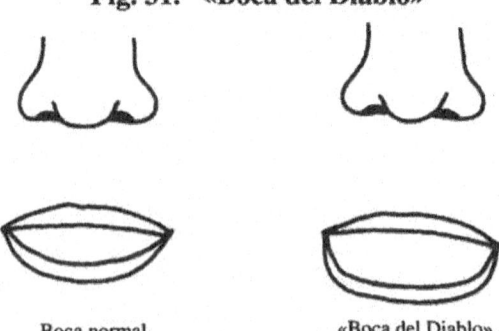

Boca normal.   «Boca del Diablo».

de boca proviene de un exceso de consumo de alimentos de origen animal —especialmente carne poco cocinada— y frutas crudas durante el periodo del embarazo y de crecimiento. Indica una tendencia mental hacia una conducta egocéntrica.

Los dientes

Durante la niñez tenemos 20 dientes, y cuando somos adultos tenemos 32. La forma y estado de nuestros dientes indican la calidad de los alimentos consumidos durante su periodo de formación. Dependiendo del volumen y calidad de los alimentos, varían la forma, la disposición e incluso el número de dientes. He aquí algunas orientaciones básicas para el diagnóstico (véase fig. 32).

A) *El número de dientes.* Los adultos normalmente tienen 32 dientes: 8 incisivos, 4 caninos, 8 premolares y 12 molares. Sin embargo, toda una serie de molares no crecen normalmente hasta que se ha comido una dieta equilibrada. Concretamente, una dieta que carece de cereales puede tener a menudo como consecuencia que no se desarrollen los terceros molares —«la muela del juicio»—, o que crezcan de manera anormal, produciendo dolor o deformación.

B) *Dirección del crecimiento.* Los dientes frontales que crecen hacia fuera (*a*) indican que se comió durante varios años, en el periodo en que los dientes estaban formándose, un exceso de alimentos yin, como verduras crudas, frutas y zumos. Por otra parte, los dientes que crecen hacia adentro (*b*) indican que se comieron más alimentos yang, incluidos alimentos de origen animal, productos harináceos secos, y más comida salada y muy cocinada. Los dientes que son generalmente rectos (*c*) y que muerden juntos ajustadamente indican que la dieta estaba bien equilibrada.

C) *Crecimiento irregular.* Los dientes que crecen en diferentes direcciones —unos apuntan hacia fuera y otros hacia dentro— indican que la dieta durante su periodo de formación fue caótica, sin ningún patrón regular, lo que produjo una constitución física y mental no armónica.

Quienes tienen unos dientes irregulares son propensos a cambios frecuentes de mente y de actitud.

Fig. 32. Formas de los dientes

a) Dientes frontales que crecen hacia fuera.   *b*) Dientes que crecen hacia dentro.

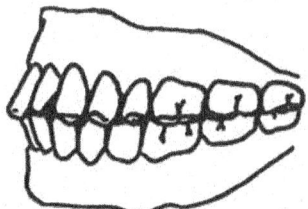 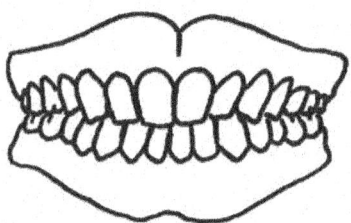

c) Dientes que crecen generalmente rectos.

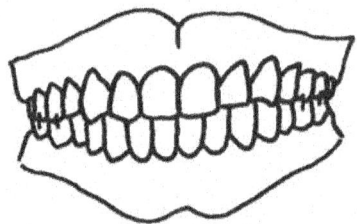 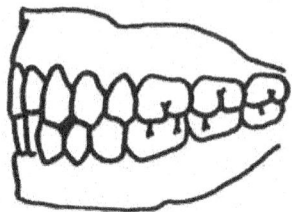

d) Espacio entre los dientes.

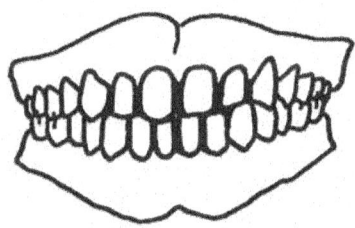 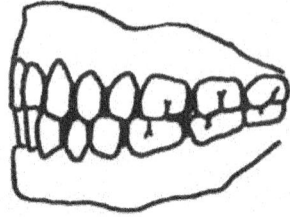

D) *Los espacios entre los dientes* (*d*) en fig. 32) son causados por la expansión de las mandíbulas y las encías, debido a un consumo excesivo de alimentos yin. Las personas de estas características suelen tener una tendencia a dispersarse en sus pensamientos y actitudes. Un espacio entre los dos principales incisivos frontales se ha llamado tradicionalmente «el signo de separación», o el signo de abandonar el hogar de los padres a una temprana edad. Igualmente, se ha dicho que di-

chas personas son incapaces de ver a sus padres en el momento de la
muerte de éstos.

E) *El tamaño de los dientes*. Los dientes grandes son el resultado
de una dieta comparativamente más yin, rica en proteínas y grasas,
mientras que dientes más pequeños indican que la dieta fue rica en hidratos de carbono y minerales.

F) *Superficie anormal de los dientes*. Pliegues verticales en la
superficie de los dientes se deben al consumo excesivo de sales y de
hidratos de carbono, y a una carencia de proteínas y grasas (fig. 33).
Los dientes con pequeños puntos parecidos a agujeros de alfiler son la
consecuencia de una carencia de proteínas de buena calidad, grasas y
verduras frescas, y un exceso de sal y minerales. Los bordes en forma
de sierra de los dientes frontales suelen tener la misma causa.

Fig. 33. Dientes anormales

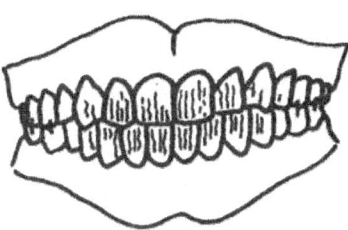

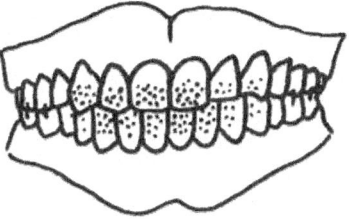

a) Dientes con pliegues verticales.   *b*) Dientes con pequeños puntos como
                                                        agujeros de alfiler.

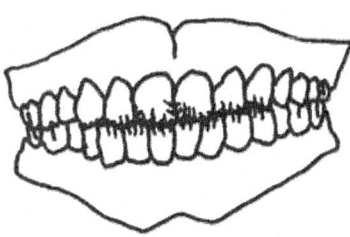

c) Dientes frontales con bordes en forma de sierra.

G) *La degeneración de los dientes*, incluidas las caries, la degeneración de las raíces y la pérdida de los dientes, viene causada por un desequilibrio en la nutrición. El exceso de consumo de azúcares simples y harinas y productos farináceos refinados es a menudo la causa principal, porque estos alimentos queman minerales —incluido el calcio— y algunas vitaminas, cuando entran en la circulación sanguínea.

La degeneración de los dientes surge simétricamente, afectando generalmente a los dientes uno por uno de una forma distinta. Por ejemplo, si se está deteriorando un diente derecho de la mandíbula superior, el correspondiente diente izquierdo de esa mandíbula probablemente también se está deteriorando; o también se deteriora el diente correspondiente de la mandíbula inferior. El diente 32 corresponde a la vértebra 32 de la columna vertebral y, por ello, a todos los principales órganos y glándulas. En consecuencia, cuando los dientes se deterioran, es una indicación de que los principales órganos y las glándulas correspondientes se están debilitando. Por ejemplo, he aquí algunas de las correspondencias principales entre los dientes y los órganos:

Dientes	*Órganos y funciones*
Incisivos.	Glándulas y órganos respiratorios y circulatorios.
Caninos.	Hígado, vesícula biliar, bazo, páncreas y estómago.
Premolares.	Región del intestino superior; sistema excretor.
Molares.	Aparato digestivo inferior, especialmente el intestino grueso y el intestino delgado; glándulas y órganos reproductores.

H) *El color de los dientes*. Los dientes sanos normalmente tienen un ligero color marfil. Sin embargo, otros colores se ven a veces como indicadores de estragos anormales, causados por fumar, beber y ciertos alimentos que han sido consumidos durante un largo periodo:

— *Un color amarillo pálido* puede ser el resultado de olvidar cepillarse los dientes, pero *un color oscuro marrón o muy amarillento* es debido al hábito de fumar.
— *Un color gris* se produce por una falta de verduras frescas de hoja, y puede indicar trastornos del hígado, la vesícula biliar, el bazo, el páncreas y sus funciones.

— *Un color purpurino* viene producido por el consumo de alimentos extremadamente yin, como ciertas frutas o zumos, e indica un posible debilitamiento de las funciones respiratorias.

I) *Los dientes que se pican fácilmente* indican un consumo excesivo de productos a base de harina seca y sal, especialmente cuando se comen tras muchos años de consumo de azúcar y leche.

J) *El que los dientes no crezcan normalmente*, especialmente durante la niñez, se produce no sólo por una nutrición desequilibrada, sino también por el exceso de consumo de leche —incluso de la leche materna— durante un periodo de tiempo inhabitual. La leche de las vacas y de las cabras debilitan los dientes humanos, e incluso la leche humana debilita el crecimiento de los dientes si es proporcionada más allá de un periodo razonable. Cuando un niño empieza a echar los dientes, es el momento de reducir el amamantamiento y aumentar gradualmente la alimentación blanda para bebés.

K) *Los dientes torcidos*, que a menudo producen presión sobre otros dientes, se deben a una dieta anormal, incluida la ingestión de excesiva carne, volatería, huevos, alimentos lácteos y azúcar, frutas y refrescos, y a una carencia de cereal, judías y verduras.

Las encías y la cavidad bucal

A) *Las encías hinchadas*, a menudo acompañadas por dolor e inflamación, son producidas por el exceso de consumo de líquido, aceite, azúcar, frutas y zumos.

B) *Las encías que se retraen* son producidas, ya sea por un consumo excesivo de alimentos yang —incluidos los alimentos de origen animal, las sales y alimentos secos—, o por el exceso de consumo de alimentos yin, incluido el azúcar, la miel, el chocolate, los refrescos y frutas y zumos.

C) *Las encías anormalmente rojas o púrpuras* que no están inflamadas son producidas por una combinación de alimentos yang, de origen animal, o sales, y alimentos yin, como el azúcar, las frutas, los zumos, los refrescos y las sustancias químicas. Colores semejantes acompañados por hinchazón son producidos por el exceso de consumo de alimentos y de bebidas yin.

D) *Las encías pálidas y blanquecinas* indican una pobre circulación, así como una falta de hemoglobina en la circulación sanguínea, debido a la anemia causada por un desequilibrio en la nutrición.

E) *Los granos* que aparecen en la pared interna de la cavidad bucal son eliminaciones de uno de los siguientes productos: consumo de excesivas proteínas, grasas y aceites de origen animal o vegetal, de azúcar y de productos a base de azúcar.

F) *Las encías sangrantes,* en la mayoría de los casos, son debidas a la rotura de los capilares sanguíneos que se han debilitado por falta de sal y de otros minerales en la sangre. En raros casos, pueden deberse a un exceso de consumo de alimentos de origen animal, productos a base de harinas secas, sales y minerales, y a una falta de verduras y frutas frescas, como en el caso de escorbuto.

G) *La inflamación en la parte más profunda de la garganta,* con o sin inflamación de las amígdalas, está producida por el exceso de consumo de alimentos yin, incluidas las frutas, los zumos, el azúcar, la gaseosa, las bebidas frías heladas, así como la leche, como en el caso de las amígdalas. Si este estado se ve acompañado por manchas blancas en la parte posterior de la garganta, éstas indican la misma causa, junto con un exceso de consumo de grasas animales, volatería, huevos y productos lácteos, como en el caso de la difteria.

La lengua y la úvula

La lengua y la úvula también indican la constitución física y mental y el estado de salud del momento (fig. 34).

A) *La forma de la lengua* varía de una persona a otra:

— *Una lengua ancha con una punta redonda* proviene de una madre que ha comido alimentos de calidad vegetal durante el

Fig. 34. Formas de la lengua

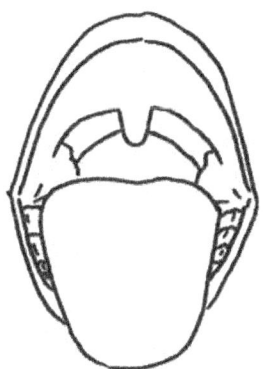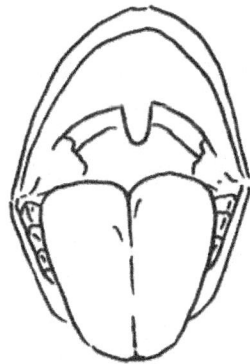

a) Lengua ancha con punta   b) Lengua estrecha con pun-   c) Lengua con la punta di-
   redonda.   ta afilada y puntiaguda.   vidida.

embarazo. El estado fisiológico y psicológico de dichas personas es generalmente armonioso, dulce y comprensivo.

— *Una lengua estrecha con una punta afilada y puntiaguda* es producida por un gran consumo de alimentos de calidad animal durante el periodo del embarazo. Una persona que tiene esta clase de lengua tiende a ser físicamente rígida y tirante, y mentalmente agresiva y ofensiva, poseyendo una mente estrecha.

— *Una lengua con una punta dividida* es causada por el consumo frecuente de alimentos crudos de origen animal y vegetal durante el periodo embriónico e indica una tendencia a ser indeciso y cambiable. ·

— *Una lengua plana* se produce por el consumo de cereales y verduras durante el periodo embriónico y los primeros años de crecimiento, e indica una tendencia a ser armonioso con el entorno.

— *Una lengua gruesa* viene producida por el exceso de consumo de alimentos de origen animal, proteínas y grasas durante el periodo embriónico y de crecimiento durante la infancia, e indica un carácter más activo, ofensivo y agresivo.

B) *La lengua representa todo el aparato digestivo* y cada zona de la lengua corresponde a una cierta región del mismo (véase fig. 35):

— *La zona de la punta (A)* corresponde al recto y al colon descendente del intestino grueso.
— *La zona periférica (B)* corresponde al intestino grueso.
— *La zona media (C)* corresponde al intestino delgado.
— *El borde de la zona posterior (D)* corresponde al duodeno, al hígado, a la vesícula biliar y al páncreas.
— *La parte cercana a la zona posterior (E)* corresponde al estómago.
— *La zona posterior (F), la «raíz de la lengua»,* corresponde al esófago.
— *La superficie inferior (G)* refleja el estado de la circulación sanguínea y linfática de cada zona correspondiente.

C) *El color de la parte superior de la lengua.* Según las zonas correspondientes señaladas, un cambio de color en cada zona indica una anomalía del correspondiente órgano o zona:

Fig. 35. Zonas de la lengua correspondientes a los órganos internos

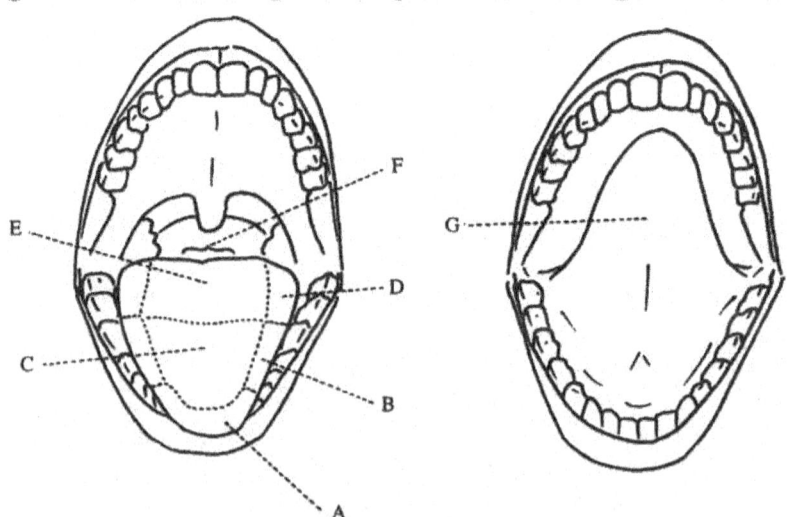

Parte superior e inferior de la lengua.

Color	Estado
Rojo oscuro.	Inflamación, úlcera o cáncer.
Blanco.	Estancamiento de la circulación sanguínea; acumulación de grasa y mucosidad; anemia; falta de hemoglobina.
Amarillo pastoso.	Inflamación y exceso de secreción debida a demasiada bilis del hígado y de la vesícula biliar. Acumulación de grasas, principalmente procedentes de volatería, huevos y productos lácteos.
Manchas blancas.	Eliminación de productos lácteos o grasa y aceite procedentes de alimentos de origen animal o vegetal. Lentitud general de las funciones digestivas.
Azul, púrpura.	Exceso de consumo de alimentos yin, incluidas las frutas, los zumos, los refrescos, los productos químicos, las drogas y los medicamentos, así como el azúcar.

D) *El color de la parte inferior de la lengua.*

Color	Estado
Demasiado rojo.	Inflamación, exceso de líquidos o de hemoglobina en la sangre, debido al exceso de consumo de líquidos, frutas, zumos y alimentos de origen animal.
Demasiado azul y verde.	Trastornos de los vasos sanguíneos debido a un exceso de consumo de grasas de origen animal, productos lácteos, frutas, zumos y azúcar.
Demasiado amarillo.	Inflamación o estancamiento de las grasas y de la mucosidad debido a un exceso de secreción de bilis o al consumo de productos lácteos, volatería y huevos.
Demasiado púrpura.	Trastornos de la circulación sanguínea y linfática debido al exceso de consumo de azúcar, frutas, zumos, productos químicos, drogas y medicamentos.

E) *Granos en la lengua* también son producidos por la eliminación de excesiva proteína, grasas o azúcar procedentes de alimentos de origen animal o vegetal. También surgen por la combinación de pescado y frutas, carne y verduras, aceite, harina y productos lácteos, huevos y zumos cítricos.

2. Los ojos y las cejas

Las cejas

Las cejas reflejan los sistemas nervioso, digestivo, respiratorio, circulatorio y excretor, y, en consecuencia, revelan el desarrollo de la constitución durante el periodo de embarazo, así como el estado de salud del momento.

Las cejas en su totalidad muestran la historia del desarrollo de la persona durante el embarazo. La parte interna de las cejas refleja el primer periodo embriónico; la parte media indica la etapa media, y los extremos de las cejas reflejan la última fase del embarazo (fig. 36). Puesto que el curso de la vida tras el nacimiento repite generalmente el proceso de crecimiento que tuvo lugar durante el embarazo, estas partes de las cejas también revelan, respectivamente, la juventud, la madurez y la vejez de toda la vida de una persona.

Fig. 36. Zonas de las cejas

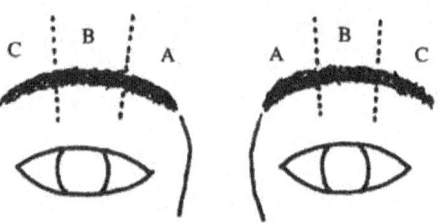

Ceja izquierda: Más influencia paterna.
Ceja derecha: Más influencia materna.

A: Primera parte del embarazo; juventud.
B: Periodo medio del embarazo; edad adulta.
C: Última fase del embarazo; vejez.

mientras que cejas causadas por el consumo de alimentos de origen vegetal indican el potencial de una vida más larga.

C) *Un ángulo armónicamente equilibrado* —cejas con una suave curvatura— se crea gracias a una alimentación bien equilibrada consumida por la madre durante la época de embarazo, e indica un equilibrio físico y mental.

D) *Las cejas en pico* cuya parte interna se sesga hacia arriba, mientras que la parte externa se curva hacia abajo, indican que se consumieron muchos productos de origen animal durante la primera parte del embarazo, y que se consumió más alimentos de origen vegetal en la última fase. Una persona que tiene ese tipo de cejas posee una tendencia general a ser física y socialmente activa, pero mentalmente suave y, a veces, tímida. Durante la juventud es más activa social y físicamente, pero en la última parte de su vida se ocupa más de asuntos mentales y espirituales. En este caso, los riñones, el hígado y el bazo se ven fácilmente afectados por un consumo de alimentos, tanto excesivamente yin, como excesivamente yang.

3. Las características de los pelos de las cejas

A) *El espesor de los pelos* indica el grado de vitalidad. Cuanto más espesas son las cejas, más energética es la persona; cuanto más finas son, menos energética es la persona (fig. 39).

B) *Las cejas de pelos largos* indican un carácter mental y espiritualmente más activo, mientras que *las cejas de pelos cortos* indican un carácter físicamente más activo.

C) *Las cejas anchas y pobladas* indican una vitalidad activa, mientras que las cejas estrechas indican menos vitalidad. Si las cejas se vuelven cada vez más estrechas, indican una degeneración física y mental.

D) *Las cejas largas* indican una vida larga; *las cejas cortas*, una vida más corta. (Compárense con las líneas de la vida de la palma de la mano). Si las cejas se van volviendo más cortas, está teniendo lugar una degeneración física y están progresando graves anomalías de funcionamiento de los principales órganos.

Fig. 39. Diversas clases de cejas

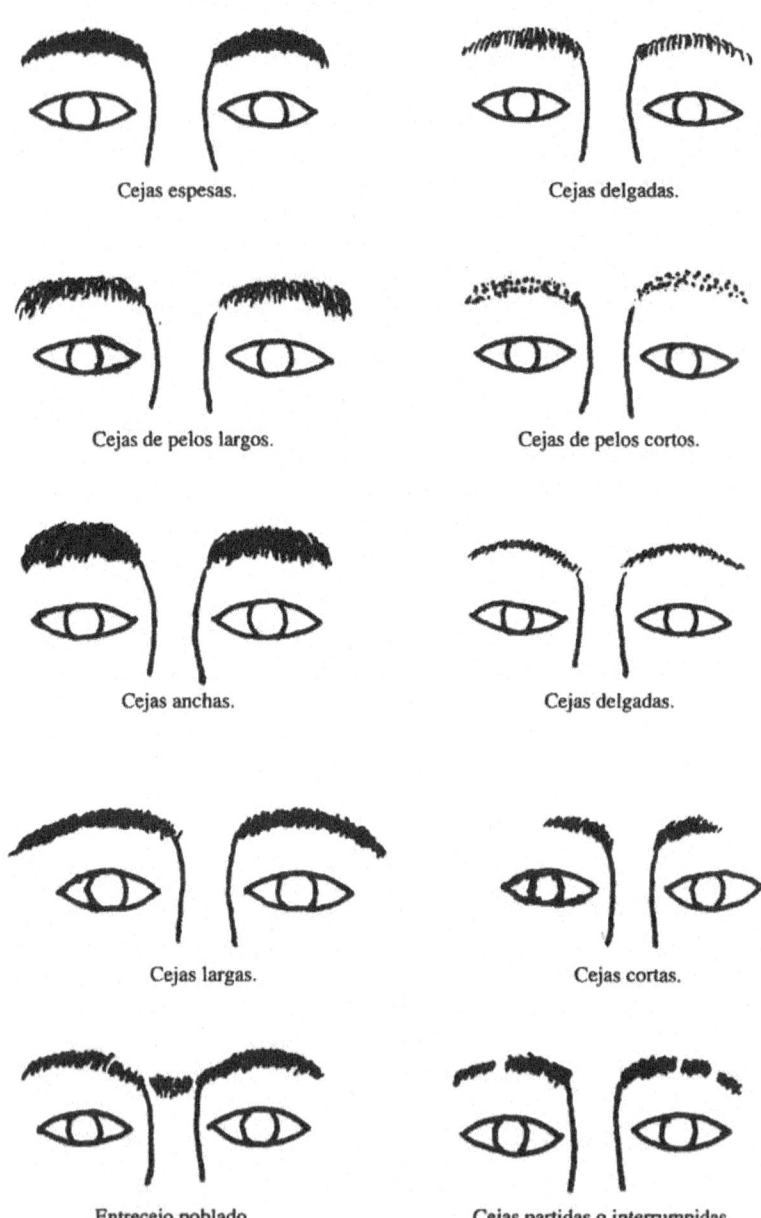

Cejas espesas.   Cejas delgadas.

Cejas de pelos largos.   Cejas de pelos cortos.

Cejas anchas.   Cejas delgadas.

Cejas largas.   Cejas cortas.

Entrecejo poblado.   Cejas partidas o interrumpidas.

E)   *Cuando los pelos de las cejas cambian de color*, están indicando un cambio sustancial en el estado físico y mental. Cuando las cejas cambian de un color oscuro normal a un color gris o blanco, se debe, bien al envejecimiento o a la ingestión excesiva de sal y minerales. Si los pelos de las cejas cambian a un color más claro, se debe a una toma excesiva de más minerales y alimentos de origen animal, mientras que un cambio hacia un color más oscuro viene producido por comer más alimentos de calidad vegetal.

F)   *El pelo que crece en el entrecejo* es producido por la toma de productos lácteos y alimentos grasos de origen animal durante el tercer y cuarto mes del embarazo. Si una persona posee este tipo de cejas, su hígado, páncreas y bazo tienden a verse fácilmente afectados por el consumo de una excesiva cantidad de alimentos de origen animal y alimentos oleaginosos o grasos, incluidos los productos lácteos.

G)   *Las cejas partidas o interrumpidas* indican la posibilidad de que se produzca una enfermedad grave en algún momento de la vida. (Compárese con la línea de la vida interrumpida en la palma de la mano).

Los ojos

Los ojos representan el estado total físico, mental y espiritual. Los ojos constituyen uno de nuestros instrumentos más expresivos, y indican el cambio físico, mental y espiritual. ¡Los ojos lo dicen todo!

1.   *La distancia entre los ojos*

A)   *Una distancia más corta*, como en el caso de las cejas, procede de la calidad mucho más yang de los alimentos comidos durante la primera fase del embarazo, e indica un carácter más agresivo, intolerante y obstinado, pero emocional e intelectualmente agudo (fig. 40). Existe una propensión a que los órganos de la región media del cuerpo, como el hígado, el páncreas, el bazo y los riñones, sufran fácilmente trastornos por el consumo excesivo de alimentos de origen animal.

B)   *Una distancia mayor* entre los ojos, por otra parte, se debe a una calidad más yin de los alimentos, entre los que se incluyen la ensalada, los azúcares, los refrescos y las frutas, e indican un carácter más relajado, indeciso, lento, pero amable. Los órganos de la región media del cuerpo mencionados tienen una tendencia a verse afectados fácilmente por un exceso de alimentos yin, incluidos los azúcares, los refrescos, las frutas tropicales y los alimentos y bebidas aromáticos y estimulantes.

Fig. 40. Distancia entre los ojos

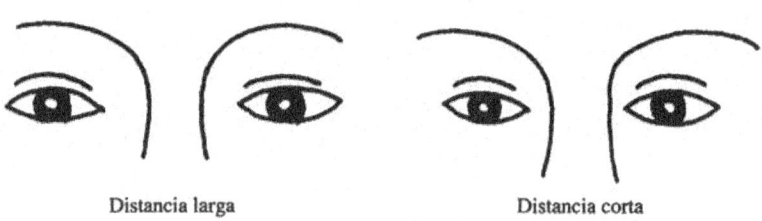

Distancia larga   Distancia corta

2. El ángulo de los ojos

A) *Los ojos que se sesgan hacia arriba* por su extremo exterior son el resultado de un consumo por parte de la madre de alimentos bien cocinados y cereales y verduras muy saladas durante la primera fase del embarazo, e indican una tendencia a tener un carácter trasparente desde el punto de vista emocional e intelectual (fig. 41).

B) *Los ojos que se sesgan hacia abajo* en los extremos, por otra parte, son producidos por el consumo por parte de la madre de alimentos de origen vegetal menos cocinados y menos salados, incluyendo las frutas y el zumo de frutas, durante el embarazo, e indican un carácter más amable y contemporizador.

Fig. 41. Ángulo de los ojos

Ojos sesgados hacia arriba.   Ojos sesgados hacia abajo.

3. El tamaño de los ojos

A) *Los ojos pequeños* se deben a los alimentos yang, incluidos los alimentos de calidad vegetal y animal bien cocinados, consumidos no sólo durante el periodo del embarazo, sino también durante el periodo de crecimiento de la niñez (fig. 42). Indican un carácter más decidido, activo y seguro de sí, junto con fuerza física, vitalidad y resistencia. Si los ojos son anormalmente pequeños, indican una tendencia a tener un carácter más cortante y agresivo.

Fig. 42. Tamaño de los ojos

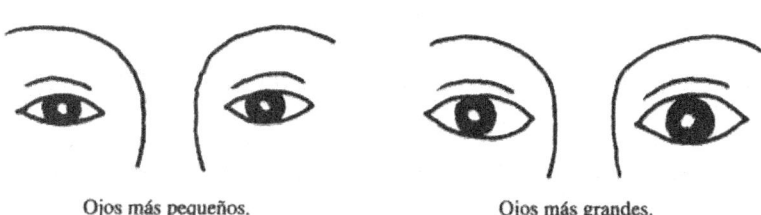

Ojos más pequeños.   Ojos más grandes.

B) *Los ojos grandes*, por otra parte, son producidos por el consumo de alimentos yin, como las verduras crudas o poco cocinadas, las frutas y los zumos de frutas, e indican un carácter mentalmente más sensible, delicado y amable. Los ojos anormalmente grandes indican trastornos nerviosos, incluidas las hipersensibilidad, la irritabilidad, el nerviosismo, la timidez y la falta de confianza. En términos generales, es deseable para los hombres tener ojos más pequeños y estrechos y para las mujeres tener ojos más abiertos y redondos.

4. Los párpados y las pestañas

A) *Los párpados simples y firmes* provienen del consumo de cereales y verduras bien cocinadas durante el periodo del embarazo, y muestran una tendencia general hacia la claridad mental (fig. 43).

B) *Los párpados dobles y caídos* provienen de un consumo por parte de la madre de un gran volumen de grasas y líquidos durante el embarazo, y a menudo representan fuerza física. Sin embargo, los párpados hinchados y de color rojo o púrpura indican un consumo excesi-

Fig. 43. Los párpados

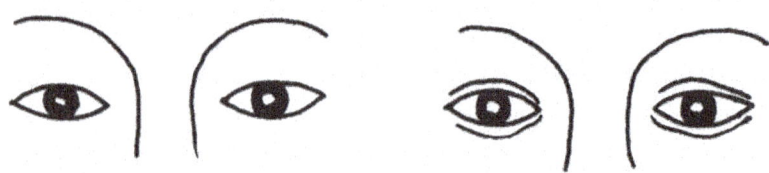

Párpados simples y firmes.   Párpados dobles y caídos.

vo en el presente de frutas, azúcar y otros dulces, gaseosas, refrescos, verduras de origen tropical y diversas bebidas alcohólicas y estimulantes. También indican una debilidad general de las funciones digestivas y la sensibilidad anormal de las funciones nerviosas. Los órganos principalmente afectados son los riñones, los intestinos, el bazo, el hígado y los órganos reproductores, así como las funciones hormonales.

C) *«Los ojos de Fénix»*. La zona del párpado inferior indicada en la figura 44 con una «x» varía según la constitución que se haya desarrollado en el útero materno. Si la zona «x» es lisa y clara, se conoce tradicionalmente como «ojos de Fénix», y se considera como un signo de liderazgo. Sin embargo, si no existe zona «x» o esta zona está hinchada, ello indica una falta de claridad de juicio.

Fig. 44. Los párpados

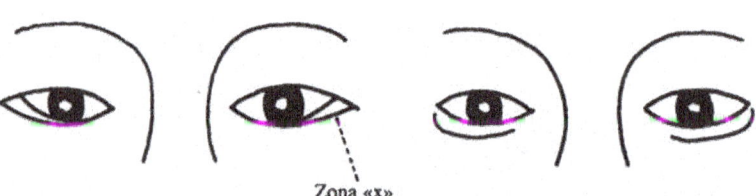

Zona «x»

«Los ojos de Fénix».   Párpados hinchados.

D) *El parpadeo*. La frecuencia del parpadeo es menor en los niños, cuya constitución es más yang, fuerte y activa, y aumenta cuando nos acercamos a la edad adulta. Como media, un adulto sano parpadea aproximadamente cada veinte segundos, o tres veces por minuto. Una persona que parpadea mucho menos se halla normalmente en un estado más activo e intenso, tanto física como mentalmente. Una persona que parpadea más de tres veces por minuto se halla en un estado de salud en declive, debido al consumo de exceso de líquidos, frutas, azúcar y otros alimentos y bebidas yin. Si el parpadeo es anormalmente frecuente, la persona padece trastornos nerviosos y está viviendo un miedo, una sensibilidad, una timidez e irritabilidad extremas.

E) *Las pestañas largas* indican el consumo excesivo de líquidos, verduras, frutas crudas y otros alimentos yin (fig. 45).

Fig. 45. Diversas clases de pestañas

 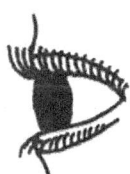  

Pestañas largas.   Curvadas hacia   Pestañas cortas.   Curvadas hacia
                             fuera.   dentro.

F) *Si las pestañas se curvan hacia fuera,* indican una sensibilidad nerviosa anormal, e indica que las funciones reproductoras se hallan en un estado de degeneración, debido al excesivo consumo de productos yin, como frutas, zumo de frutas, vino, azúcar, dulces, refrescos, alimentos y bebidas estimulantes aromáticas, así como drogas y medicamentos, durante la primera infancia.

G) *Las pestañas cortas* provienen del consumo de alimentos de calidad más yang, incluyendo alimentos salados bien cocinados, alimentos asados y al horno, y alimentos de origen animal cocinados, con menos consumo de cereales y verduras.

H) *Las pestañas que se curvan hacia adentro* indican un consumo excesivo de alimentos muy yang, como una gran cantidad de sal, carne, huevos, pescado, caviar y volatería, sin suficientes cereales y verduras para equilibrarlos. En este caso, las funciones reproductoras son a menudo anormales, especialmente en las mujeres, que pueden tener dolores menstruales o ausencia de menstruación debido a la contracción de los ovarios.

5. Cambio de color alrededor de los ojos

Los colores alrededor de los ojos varían según el diferente estado físico y mental, y cambian diariamente conforme al estado diario de nuestra salud:

A) *Color de piel natural, claro y limpio.* Este color indica una salud física y mental sólida, como resultado de una dieta y una forma de vida adecuadas. Las funciones física y mental funcionan armoniosamente.

B) *Color oscuro.* Este color se produce cuando existe un estado excesivamente yang, incluyendo la contracción de los riñones y el agotamiento de las hormonas adrenotrópicas y gonadotrópicas. En consecuencia, este color puede aparecer debido al consumo excesivo de pimientos salados y asados, cocidos o deshidratados. Con frecuencia se produce tras excesivas relaciones sexuales, especialmente en personas cuyos riñones y funciones excretoras son débiles. También indica un metabolismo estancado en los riñones y en el sistema excretor, en los ovarios, testículos y funciones reproductoras.

C) *Color rojizo.* Este color aparece cuando los capilares sanguíneos se hallan dilatados por un consumo excesivo de alimentos y de bebidas yin, incluidos los líquidos en general, las frutas, los zumos, los azúcares y otros muchos, y muestra que el sistema cardiaco y circulatorio están trabajando en exceso. El rojo en los párpados puede aparecer de vez en cuando e indica un estado extremo del estado descrito, junto con nerviosismo. Puede surgir entre algunas mujeres cuyos periodos menstruales son irregulares. Sin embargo, si continúa este estado crónicamente, el estado mental se volverá extremadamente nervioso.

D) *Color purpurino.* Este color indica una fase más avanzada del estado descrito anteriormente bajo «color rojizo», y viene producido principalmente por el consumo de drogas, sustancias químicas, medicamentos, azúcares refinados simples y otros alimentos y bebidas extremadamente yin. Los sistemas nervioso, circulatorio y excretor están alterados. Las personas que tienen este color alrededor de los ojos habitualmente tienen alucinaciones y sienten frío en las partes periféricas del cuerpo como las manos y los pies.

E) *Color amarillento.* Este color aparece cuando el hígado y la vesícula biliar están trabajando en exceso. Puede ser causado por comer demasiado queso y otros productos lácteos, y también por un exceso de consumo de ciertas hortalizas de raíz, como zanahorias, y algunas hortalizas redondas, como la calabaza y el calabacín. También puede indicar un trastorno temporal de los riñones y de las funciones excretoras.

F) *Color grisáceo.* Un color grisáceo y pálido aparece en casos de funcionamiento defectuoso de los riñones y, a veces, de los pulmones, principalmente a causa de un estancamiento metabólico debido a un consumo excesivo de alimentos pesados y grasos de origen animal, y de sal o de otros productos yang. Este color también indica que los sistemas endocrino y linfático no están funcionando adecuadamente, especialmente en las regiones de los órganos respiratorios y reproductores. Puede producir este color un desequilibrio de minerales en la sangre, que surge no sólo del consumo de alimentos y bebidas inadecuadas, sino también de las condiciones del aire de un entorno inapropiado.

6. *Granos que aparecen alrededor de los ojos*

Los granos son un intento del cuerpo de eliminar ciertas sustancias alimenticias que se han consumido en exceso. Pueden aparecer en diversas zonas alrededor de los ojos:

A) *Los granos encima del párpado y debajo de las cejas* son eliminaciones de mucosidad, grasas y aceites, producidos por un consumo excesivo de aceite, azúcar y productos lácteos. Si los granos son también de color amarillo, la dieta ha incluido igualmente volatería, huevos y/o queso.

B) *Granos en el párpado* son eliminaciones de proteínas, grasas y azúcares, debido al consumo excesivo de alimentos de origen animal y de frutas. El consumo de pescado graso junto con naranjas y otras frutas y zumos pueden producir a menudo granos rojizos cerca de la extremidad del párpado.

C) *Los granos bajo el párpado inferior* son eliminaciones de proteínas y de azúcar, que se han producido por el consumo de excesi-

va carne grasa y azúcar, o zumo de frutas. Los granos amarillo-blanque-
cinos en esta zona indican el consumo de huevos, productos lácteos y
otros animales grasos.

Mientras que estas eliminaciones se produzcan en forma de granos
en las diferentes zonas de los ojos, los riñones y el sistema excretor,
así como el bazo y el sistema linfático, se ven temporalmente afectados por este consumo excesivo de alimentos y bebidas innecesarios. Si
los granos pican y están inflamados, el proceso de eliminación está
siendo muy activo, pero si no pican y no hay inflamación, la eliminación se está produciendo gradualmente.

7. Bolsas en los ojos

En la edad adulta, pero actualmente cada vez más incluso en la juventud, muchas personas tienen bolsas en los ojos bajo el párpado inferior (fig. 46). Las bolsas de los ojos pueden tener una o dos causas,
aunque la apariencia puede ser similar: (1) bolsas de los ojos debidas a
una acumulación de líquido, y (2) bolsas de los ojos debidas a una
acumulación de mucosidad. El primer tipo de bolsa parece acuosa e
hinchada, el segundo parece más grasienta e igualmente hinchada.
Ambos tipos de bolsas indican trastornos del riñón, de la vejiga y
de las funciones excretoras. Especialmente el primer tipo de bolsa indica inflamación de los tejidos del riñón y orinas frecuentes, debido a
una ingestión excesiva de líquido de cualquier clase, incluido todo tipo de bebidas, frutas y zumos.
El segundo tipo de bolsa no demuestra necesariamente micción
frecuente, sino que indica acumulación de mucosidad y grasa en los
tejidos del riñón. Si aparecen pequeños granos o pequeños puntos

Fig. 46. Bolsas en los ojos

Bolsas de los ojos muy hinchadas.

oscuros en estas bolsas causadas por la mucosidad, esto muestra que ésta y la grasa acumulada en los tejidos del riñón está formando piedras en el mismo. Si estas bolsas son crónicas, la acumulación de mucosidad se está produciendo en la uretra, la pared de la vejiga, los ovarios, las trompas de Falopio y el útero, y dentro y alrededor de las glándulas prostáticas, creando una actividad bacterial, inflamación, picores, descargas vaginales, cistitis del ovario y eventualmente el desarrollo de tumores y de cáncer en estas zonas. Ambos tipos de bolsas también indican una decadencia de la vitalidad física y mental, como resultado natural de los estados expuestos anteriormente. Quiere decir que se está produciendo cansancio, sobrecarga de los sistemas corporales, fatiga, pereza, olvidos, e indecisiones y pérdidas de la claridad de juicio.

Las bolsas de los ojos causadas por la acumulación de agua se corrigen fácilmente restringiendo la ingestión de líquidos, mientras que las producidas por la acumulación de mucosidad pueden corregirse restringiendo toda clase de alimentos que producen grasas y mucosidad, incluyendo especialmente los productos lácteos, la grasa de carne, la volatería, los azúcares, las harinas refinadas y toda clase de aceites, aunque este tipo de bolsa tarda más en ser eliminada que el primer tipo descrito.

8. *La zona rosácea dentro de los párpados inferiores*

Esta zona indica principalmente el estado circulatorio (fig. 47). Las variaciones de color indican los estados diferentes de salud del siguiente modo:

A) *El color rosa claro con una superficie uniforme* denota un estado circulatorio normal y saludable.

Fig. 47. Interior del párpado inferior

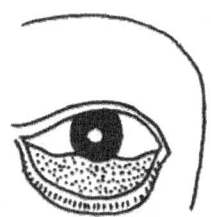

B) *El color rojo con capilares dilatados* indican una alta presión sanguínea o trastornos excretores, debido a un excesivo consumo de alimentos yin, especialmente de líquidos, alcoholes, frutas, zumos y azúcares. También significa inflamación del sistema circulatorio y nerviosismo.

C) *Un color blancuzco* indica un estado anémico, causado por un excesivo consumo de alimentos yin. A veces puede ser producido por alimentos yang, incluida la sal y los productos harináceos al horno o cocidos. A menudo la leucemia presenta este color.

D) *Un color amarillo tirando a rojizo* es causado por el consumo excesivo de alimentos yang de origen animal, incluida la volatería, los huevos y los productos lácteos, así como un exceso de productos yin, incluidos el azúcar, las frutas y otros. Este color indica trastornos en el sistema cardiaco y circulatorio, junto con trastornos del hígado, el bazo y las funciones del páncreas.

El globo ocular, el iris y el blanco del ojo

Los globos oculares forman parte del sistema nervioso, pero representan muy bien todo el estado de salud físico y mental.

1. *El tamaño de los globos oculares*

Los globos oculares cambian de tamaño debido al tipo de alimentos y bebidas consumidos, así como a la edad. En la primera infancia, los globos oculares son comparativamente pequeños, pero se expanden rápidamente a medida que el niño crece (fig. 48). En general, entre la pubertad y la menopausia, el tamaño de los globos oculares permanece casi constante, con ligeras fluctuaciones debidas a cambios en los alimentos y bebidas. Hacia el final de la vida, tras la menopausia, los globos oculares tienden a contraerse, produciendo habitualmente cambios en la vista.

A) *La expansión anormal de los globos oculares* causada por un exceso de alimentos y bebidas yin produce la miopía o cortedad de vista (fig. 49).

Fig. 48. Tamaño de los globos oculares

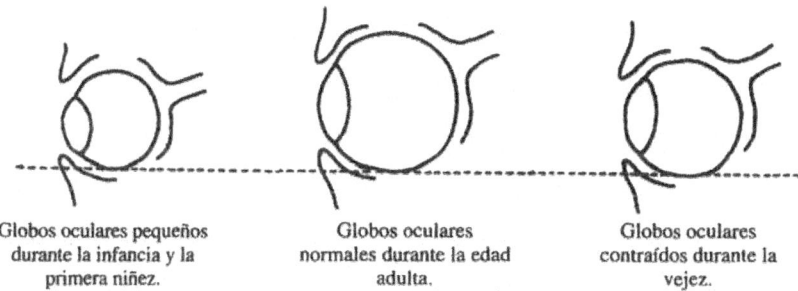

Globos oculares pequeños
durante la infancia y la
primera niñez.

Globos oculares
normales durante la edad
adulta.

Globos oculares
contraídos durante la
vejez.

Fig. 49. Expansión y contracción del globo ocular y del cristalino

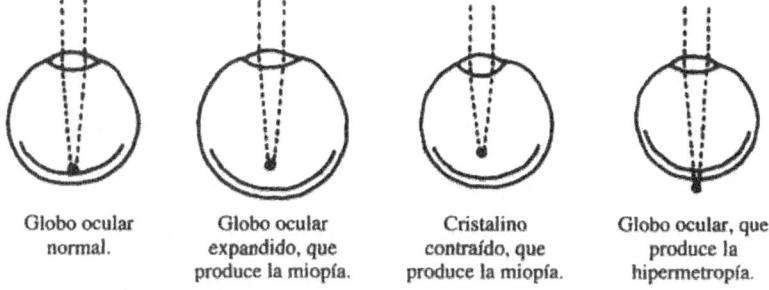

Globo ocular
normal.

Globo ocular
expandido, que
produce la miopía.

Cristalino
contraído, que
produce la miopía.

Globo ocular, que
produce la
hipermetropía.

B) *La contracción anormal del cristalino del ojo* causada por deshidratación, excesivo consumo de sal, carne y otros alimentos de origen animal, también produce la miopía.

C) *La contracción anormal del globo ocular* producida por la deshidratación, el envejecimiento y el excesivo consumo de alimentos yang, incluida la sal, los alimentos deshidratados y de origen animal, produce la hipermetropía.

2. *Sanpaku*

Además, la expansión y contracción anormal de los globos oculares producen un estado llamado *sanpaku*, palabra japonesa que significa «tres blancos», y que indica que el globo ocular ha adoptado una posición anormalmente alta o baja (fig. 50).

Fig. 50. Diferentes estados de *sanpaku*

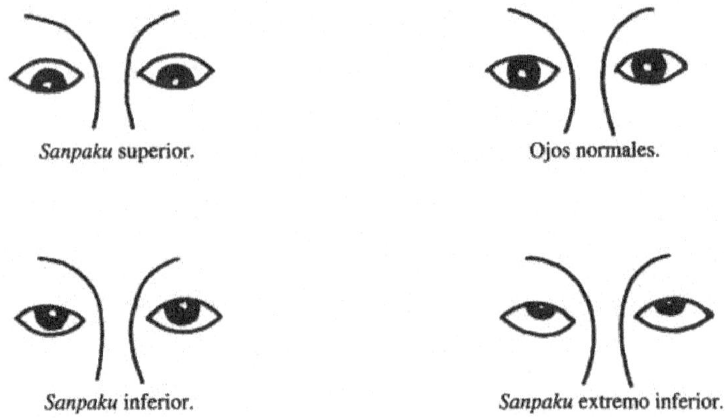

Sanpaku superior.

Ojos normales.

Sanpaku inferior.

Sanpaku extremo inferior.

A) *Sanpaku superior*. Los globos oculares contraídos, que son normales en los bebés y en los niños, producen *sanpaku* superior, tal como se ilustra en la figura 50. Sin embargo, si este estado continúa más allá de la primera infancia, o empieza en una edad posterior, constituye un signo de mentalidad y comportamiento anormales, que incluye la agresividad, la violencia y las pasiones incontroladas.

Tras la primera infancia, y a lo largo de la vejez, una persona no debería padecer el estado *sanpaku*, si el metabolismo físico es sano y bien equilibrado, tal como ha sido ilustrado.

B) *Sanpaku inferior*. La expansión anormal de los globos oculares produce a menudo *sanpaku* inferior, como se muestra en la figura 50, indicando que todo el metabolismo físico y mental se ha lentificado o debilitado. Este *sanpaku* inferior va en aumento en las personas de hoy día, debido al exceso de consumo de alimentos yin, aunque existen otros ejemplos de *sanpaku* inferior causados por el exceso de consumo de alimentos excesivamente yang, incluida la sal.

Este estado también indica que las células nerviosas del cerebro se han expandido, produciendo a menudo un pensamiento y comportamiento anormales, que pueden conducir a un destino fatal. Aquellas personas que cometen crímenes y traiciones, las sospechosas y las que son objeto de incomprensión, ataques o asesinatos, habitualmente padecen este estado de *sanpaku* inferior. El *sanpaku* extremo o inferior indica que la muerte está rondando. Este estado aparece universalmente en las personas que van a padecer una muerte súbita en un futuro próximo.

Es interesante señalar que la mayoría de los criminales que aparecen públicamente en avisos policiacos de «se busca» padecen el *sanpaku* superior o inferior, y casi todas las personas que han sido asesinadas han padecido el *sanpaku* inferior, incluidos Julio César, Abraham Lincoln, Adolfo Hitler, Mahadma Gandhi, John F. Kennedy, Robert F. Kennedy y Martin Luther King.

Con el objeto de diagnosticar un estado de *sanpaku* inferior, hay que pedir a la persona que mire hacia arriba en un ángulo de 45°. Si el blanco del ojo aparece debajo del iris, la persona padece *sanpaku* inferior.

3. *Globos oculares húmedos*

La constante producción de lágrimas, habitualmente acompañadas por muchos capilares dilatados rojos en el blanco del ojo, indica a menudo la existencia de un glaucoma y, en algunos casos, un desprendimiento de la retina. Este estado es producido por un consumo excesivo de líquidos, zumos, frutas y otros alimentos acuosos.

4. *El iris*

El color del iris varía según la posición biológica que se haya desarrollado desde el momento de la concepción a través de las prácticas dietéticas y de las condiciones del entorno. Normalmente, la gente cree que las diferencias de color del iris se producen por diferencias raciales, pero en realidad se deben a formas tradicionales de vida.

A) *Un iris claro*, por ejemplo azul, indica que la persona tiene su origen en una región más norteña en la que ha recibido menos luz del sol.

B) *Un iris marrón* es producido por un clima que posee las cuatro estaciones.

C) *Un iris oscuro*, como marrón o negro, generalmente se desarrolla en un entorno tropical y soleado.

El color del iris tiene una tendencia a variar ligeramente a lo largo de la vida, haciéndose más oscuro durante la primera infancia y la niñez, y más claro durante el resto de los años adultos.

D) *La iridología*, o diagnóstico mediante la observación del iris, puede revelar diversos estados físicos y mentales. Según un estudio introducido por el doctor Bernard Jensen, la fig. 51 muestra las zonas generales que corresponden a las diversas partes del cuerpo.

5. La pupila

El estado de la pupila refleja muy claramente las funciones de los nervios autónomos. La pupila se abre y se cierra según el grado de resplandor del entorno. Cuanto más luz hay en el entorno, más pequeña se hace la pupila; cuanto más oscuro es el entorno, más grande se hace la pupila. La velocidad de la acción autónoma refleja la alerta de los nervios autónomos.

A) *Una pupila más grande que la media* indica la degeneración de los nervios autónomos, especialmente de las funciones nerviosas parasimpáticas, debido a un exceso de consumo de alimentos y bebidas yin, así como drogas, algunas vitaminas y medicinas. La extrema dilatación de la pupila se produce con la muerte. Una pupila grande señala, en consecuencia, la degeneración general y el debilitamiento de las funciones físicas y mentales. El miedo, el nerviosismo, la ansiedad y otros trastornos mentales también surgen cuando las pupilas están dilatadas.

B) *Una pupila menor que la media* indica que las funciones mentales y físicas son sanas, constantes y que se han desarrollado principalmente comiendo cereales y verduras. Indican vitalidad, aguante, paciencia, perseverancia y resistencia, tanto desde el punto de vista físico como mental. Este estado en una persona de más de sesenta años indica un potencial de longevidad y una buena coordinación entre los principales órganos y glándulas.

C) *Una nube de mucosidad blanca* que cubre la pupila constituye un signo de que se están formando cataratas, debido a un consumo excesivo de productos lácteos y otras grasas, junto con azúcar y dulces.

6. El blanco del ojo

Como en el caso del iris, el blanco del ojo representa diversas partes de todo el cuerpo, como se expone a continuación (fig. 52):

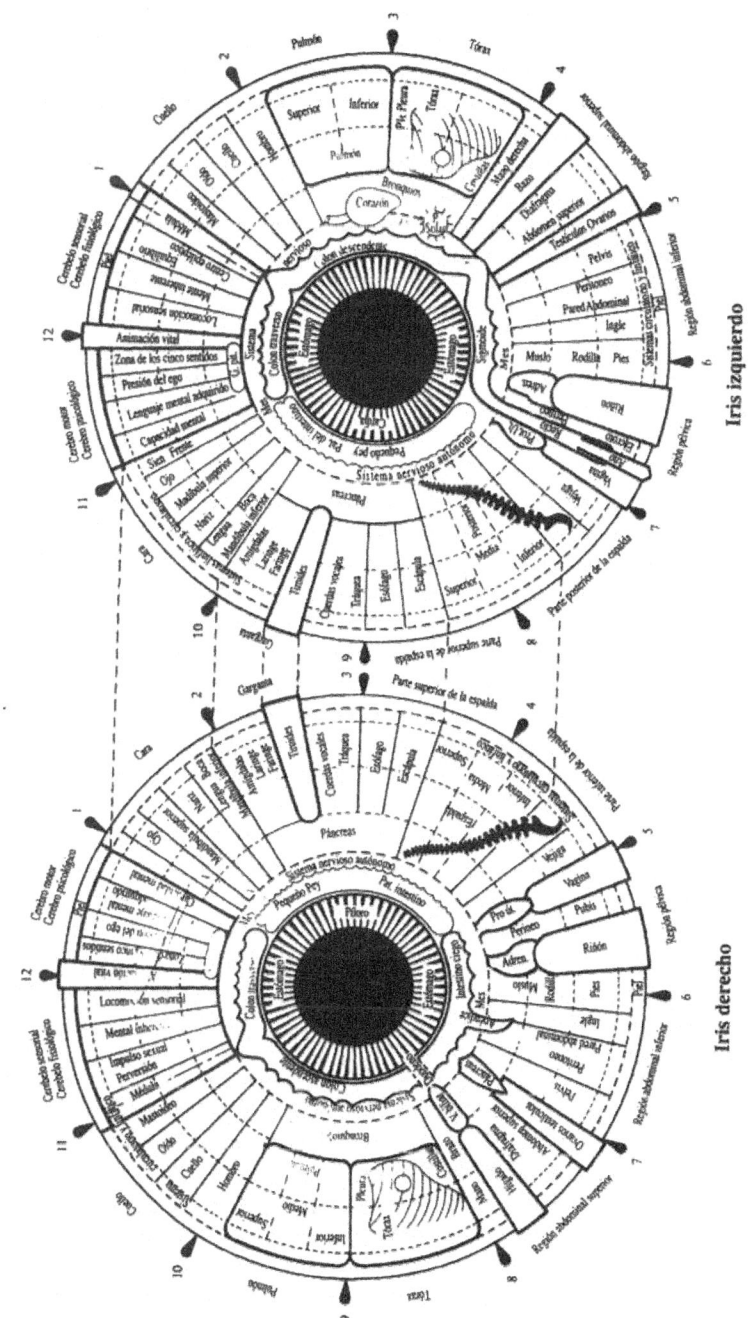

Fig. 51. Iridología por Bernard Jensen

Fig. 52. Zonas principales del blanco del ojo

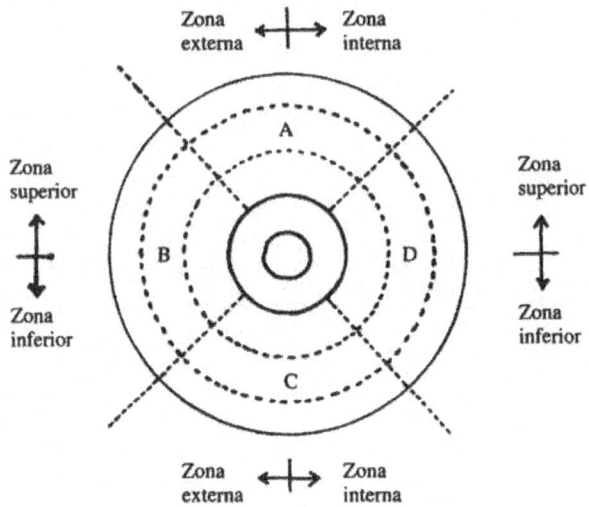

A: Regiones superiores del cuerpo.
B: Regiones anteriores medias del cuerpo.
C: Regiones inferiores del cuerpo.
D: Regiones posteriores medias del cuerpo.

Zona del círculo exterior punteado: Funciones
   digestivas y respiratorias
Zona del círculo interior punteado: Funciones
   circulatorias y excretoras
Iris y pupila: Funciones nerviosas

Parte interna del blanco: Órganos más compactos de cada región.
Parte externa del blanco: Órganos más dilatados de cada región.

Zona del blanco	*Partes del cuerpo*
Zona superior (▽)	Parte superior del cuerpo, incluido el cerebro, la cara, el cuello, el pecho, los pulmones, el corazón y la parte superior de la columna vertebral.
Zona media (○)	Parte media del cuerpo, incluido el estómago, el duodeno, el bazo, el páncreas, el hígado, la vesícula biliar, los riñones y la parte media de la columna vertebral.
Zona inferior (△)	Parte inferior del cuerpo, incluidos el intestino grueso y delgado, la vejiga, los órganos reproductores, los glúteos y la región inferior de la columna vertebral.

Zona externa (▽)   Frente del cuerpo, incluida la cara, la parte ante-
                    rior del cerebro, el cuello y el pecho, los sistemas
                    respiratorio y digestivo y los órganos y glándulas
                    conectados con ellos.
Zona interna (△)   Parte posterior del cuerpo, incluido el cerebelo, el
                    cuello, los ojos, cordón medular y tejidos conecta-
                    dos, cintura, glúteos y región cervical.

Determinados colores y marcas que aparecen en el blanco del ojo
indican los siguientes estados anormales de las zonas correspondientes
del cuerpo (véase fig. 53):

Fig. 53.   Marcas en el blanco del ojo

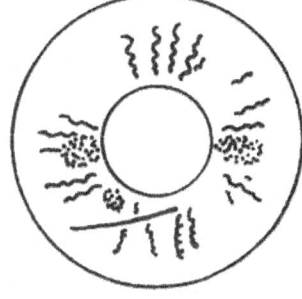 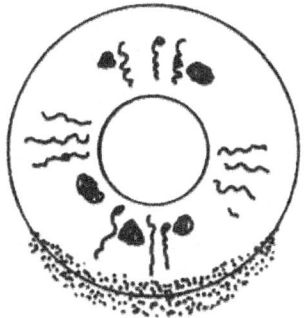

a: Capilares sanguíneos dilatados.   d: Puntos rojos-coágulos sanguíneos.
b: Manchas blancas de mucosidad.   e: Puntos oscuros.
c: Línea larga y recta roja.   f: Mucosidad bajo el globo ocular.

A)   *Un color amarillo* que se ve a menudo en la parte periférica
del blanco del ojo indica una acumulación de grasa y mucosidad causada por alimentos de origen animal, e indican trastornos de las funciones digestiva, del hígado y de la vesícula biliar.

B)   *Un color oscuro o gris* que se puede ver a veces en las zonas
medias e internas del blanco del ojo indica un estancamiento de las
funciones de los órganos y glándulas, incluidos trastornos de las funciones digestiva, respiratoria y linfática.

C)   *Un color trasparente o blanco pálido* indica la presencia de
grasa y mucosidad estancada que puede progresivamente transformar-

se en quistes, tumores y cáncer. Nos señala trastornos de las funciones hormonal y linfática.

D) *Un color rojo* producido por muchos capilares sanguíneos dilatados indica desórdenes de las funciones circulatoria y respiratoria, producida por un consumo excesivo de alimentos y bebidas yin. La irregularidad menstrual y los trastornos epilépticos también se reflejan en diversos capilares diminutos y dilatados en las zonas correspondientes del blanco del ojo.

E) *Una línea roja larga y recta* en determinada parte del blanco del ojo indica a menudo una deformación de las venas y arterias, o de los tejidos y músculos, que puede ser causado por una conmoción, un accidente o una operación quirúrgica en la zona correspondiente del cuerpo.

F) *Los puntos rojos* que aparecen aquí y allá en el blanco del ojo indican que se están produciendo coágulos sanguíneos o estancamiento circulatorio en los órganos, glándulas o músculos de la zona correspondiente del cuerpo.

G) *Los puntos oscuros* que aparecen aquí y allá en el blanco del ojo son una indicación de la formación de depósitos de grasa, quistes, tumores y, a veces, cáncer, así como piedras y calcificación de las zonas correspondientes del cuerpo.

H) *Las manchas y mucosidad blanca* generalmente surgen en la parte media o inferior del blanco del ojo e indican una grave acumulación de grasa, que ha iniciado un proceso de formación de quistes, tumores o cáncer.

I) *La mucosidad* que aparece en la parte inferior del blanco del ojo, bajo el globo ocular, es una indicación de una acumulación de mucosidad y grasa en la parte inferior del cuerpo, incluida la parte interna y alrededor de los intestinos, los ovarios, el útero, la trompa de Falopio y las glándulas prostáticas.

J) *Un color blanco nuboso con un tono gris* que recubre la mayor parte del blanco del ojo señala el desarrollo de un endurecimiento de los globos oculares, causado por un excesivo consumo de grasas con azúcar, frutas y zumos.

7. *La parte interna de los párpados*

Las zonas internas de los párpados superior e inferior son normalmente rosas y tienen una superficie lisa, en un estado sano de salud (fig. 54). Cuando se producen los siguientes cambios en esta zona, éstos están mostrando ciertos trastornos:

Fig. 54. La zona interna de los párpados superior e inferior

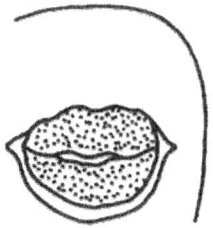

A) *Color rojizo:* este color indica la expansión de los capilares sanguíneos causados por un exceso de alimento yin, e indica que se están produciendo trastornos en el sistema reproductor, digestivo y circulatorio.

B) *Color amarillo-rojizo:* indica la dilatación de los capilares sanguíneos, junto con una acumulación de grasa y mucosidad, causada por el consumo excesivo de alimentos yin, de proteínas y grasas yang de origen animal, que conducen a trastornos cardiacos, del hígado, de los riñones y de otros órganos principales.

C) *Color blanco:* falta de hemoglobina o de circulación sanguínea —sobre todo anemias—, causadas principalmente por el exceso de consumo de elementos extremadamente yang, como la sal y productos harináceos secos, o alimentos extremadamente yin, incluidos el zumo de fruta, los refrescos, las drogas y los productos químicos.

D) *Pequeños puntos como granos:* éstos muestran la eliminación de proteína animal y de grasas saturadas procedentes de la carne, los huevos, los productos lácteos, el pescado y los mariscos, que se han comido en exceso. Cuando estos granos se inflaman y se vuelven rojos, se llama *tracoma.*

E) *Grandes granos:* normalmente uno o dos, combinados con colores rojo, amarillo y blanco, indican eliminación de proteínas y grasas animales, aceites vegetales, azúcar y exceso de líquido.

3. La nariz, las mejillas y las orejas

La nariz

La nariz refleja el estado de los sistemas nervioso y circulatorio, y ciertas funciones del sistema digestivo. El tipo de nariz, su tamaño, forma, color y otras características revelan estados específicos tal como se describen a continuación.

1. *Características generales*

La forma de la nariz corresponde al tamaño, calidad y estado del cerebro.

A) *Tipo de nariz.* Una nariz bien formada de tamaño medio y redondeada indica una mentalidad equilibrada, y una nariz recta y más larga indica una calidad nerviosa más sensible (fig. 55). Una nariz corta y más chata indica una tendencia hacia la determinación y la rigidez de pensamiento, mientras que una nariz más ancha, aunque no anormalmente grande, denota una capacidad mayor de pensamiento.

B) *Los lados de la nariz.* Las zonas huesudas y elevadas de los lados de la nariz indican una manera de pensar oscura, mientras que si estas zonas son menos prominentes, existe una tendencia mayor a un pensamiento claro (fig. 56).

C) *Las ventanas de la nariz.* Las ventanas de la nariz bien desarrolladas indican más determinación y valor, así como un carácter fuerte-

Fig. 55. Formas de la nariz (1)

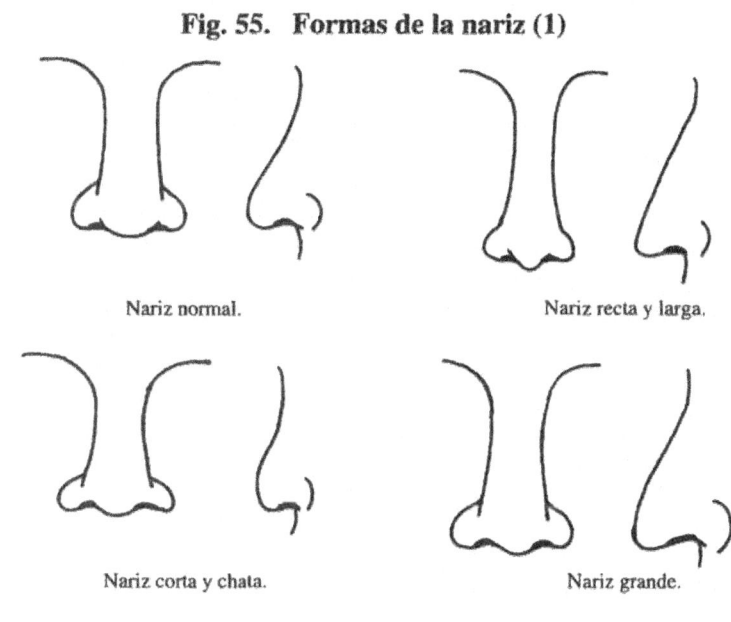

Nariz normal.   Nariz recta y larga.

Nariz corta y chata.   Nariz grande.

Fig. 56. Formas de la nariz (2)

| Lados de la nariz elevados/abultados. | Lados de la nariz menos hinchados. | Nariz prominente. | Nariz lisa y achatada. |

mente masculino, mientras que las ventanas de la nariz menos des
arrolladas indican sensibilidad, amabilidad y cobardía, así como un
carácter más femenino (fig. 57). En los tiempos actuales, las ventanas
de la nariz están cambiando hacia el tipo menos desarrollado. Las ventanas de la nariz anormalmente desarrolladas muestran a menudo un
carácter violento, y, en el caso de la mujer, una tendencia al lesbianis-
mo. Las ventanas de la nariz anormalmente poco desarrolladas, en el
caso del hombre, indican una falta de vitalidad masculina, y con frecuencia una tendencia hacia la homosexualidad.

Fig. 57. Tipos de ventanas de nariz

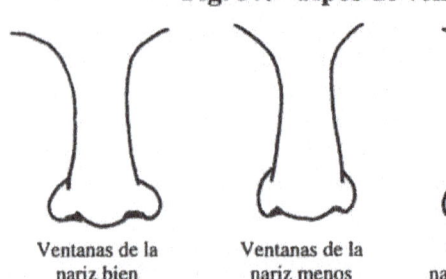
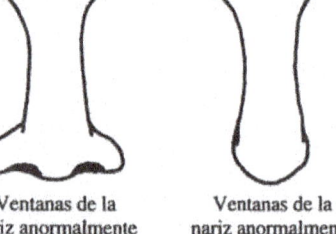

| Ventanas de la nariz bien desarrolladas. | Ventanas de la nariz menos desarrolladas. | Ventanas de la nariz anormalmente desarrolladas. | Ventanas de la nariz anormalmente poco desarrolladas. |

D) *Tamaño de la nariz.* Una nariz larga y extremadamente prominente, en el caso de la mujer, indica una incapacidad para concebir y una tendencia hacia la frigidez; mientras que una nariz excesivamente corta y chata, en el caso del hombre, indica una reducida inteligencia y una tendencia a la violencia física (fig. 58). En general, una nariz prominente denota una tendencia a ser orgulloso, competitivo, lleno de prejuicios y crítico, mientras que una nariz más aplastada o achatada indica una tendencia a ser más generoso y aceptar las diferencias.

Fig. 58. Formas de la nariz (3)

Nariz extremadamente prominente y larga.   Nariz extremadamente corta y chata.

E) *La punta de la nariz.* Si la punta de la nariz cuelga hacia abajo, de forma que no pueden verse ambas ventanas de frente, ello indica una tendencia hacia el nerviosismo, la sensibilidad y una mentalidad cambiante (fig. 59). Por otra parte, si la nariz tiene una forma que permite ver claramente las dos ventanas de frente, ello indica a menudo una forma de pensar más estrecha e inestable y un carácter más amplio.

Fig. 59. Formas de la nariz (4)

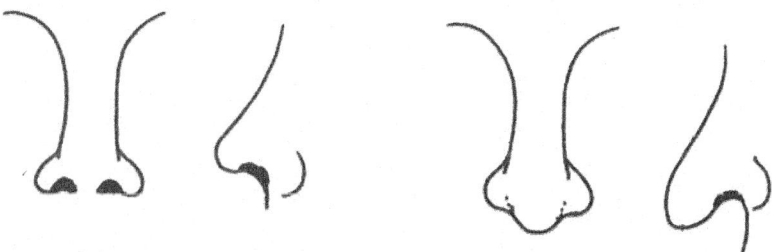

Pueden verse los dos orificios.   Nariz que cuelga hacia abajo.

2. Forma de la nariz

Además de las indicaciones mencionadas, la forma específica de la nariz indica el estado concreto físico y mental (véase fig. 60). Por ejemplo:

A) *Una forma prominente y redondeada*, a veces llamada «nariz aguileña», es producida por el consumo de demasiada volatería, y también de huevos, porque produce una tendencia a ser agresivo, preocupado por sí mismo e inquieto.

B) *Una punta de nariz respingona* es producida por un consumo excesivo de alimentos de origen animal, especialmente pescado y marisco, durante el periodo del embarazo, que tiene como consecuencia una tendencia hacia una forma de pensar aguda, pero también de miras estrechas.

C) *Una nariz puntiaguda*, con la punta señalando al frente como la nariz de Pinocho, es producida por el exceso de consumo de determinadas clases de frutas, entre las que se hallan los melones y las bayas, que tiene como consecuencia una debilidad cardiaca y un estado de excitación nerviosa.

D) *Una nariz caída* es producida por un consumo excesivo de frutas y ensaladas, así como líquidos, tiene como consecuencia una debilidad cardiaca, y de las funciones del riñón y de la vejiga.

Fig. 60. Diversas formas de nariz

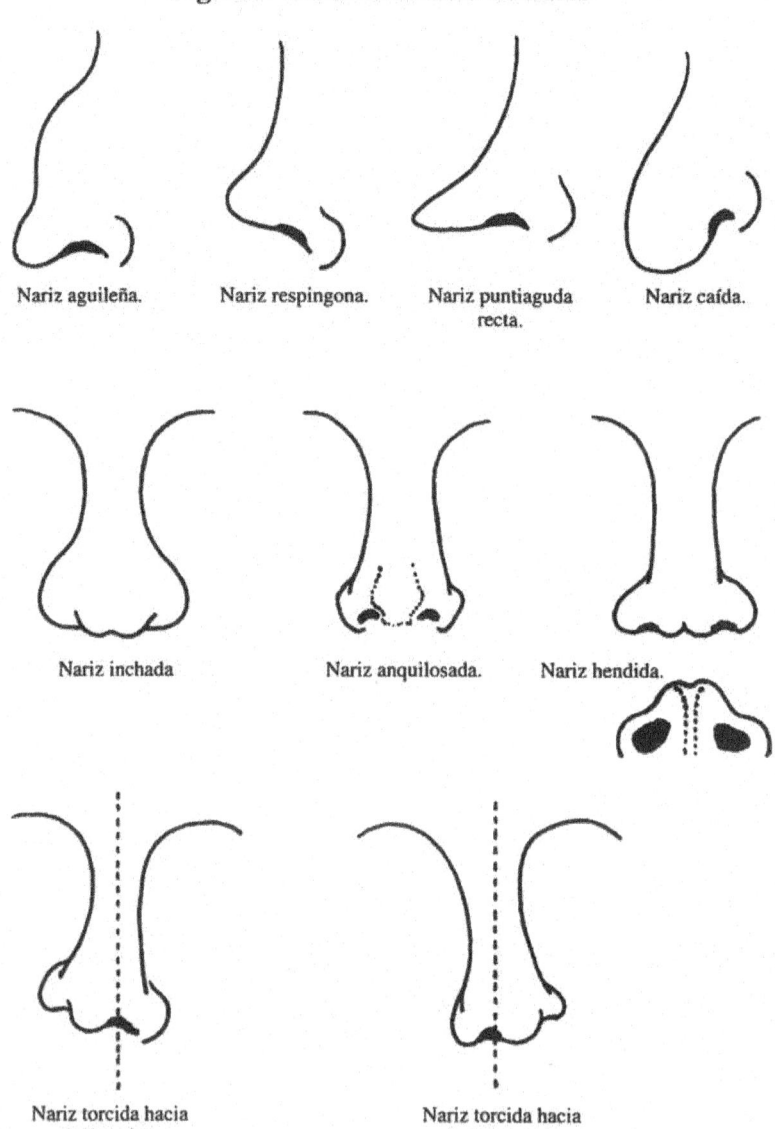

Nariz aguileña.   Nariz respingona.   Nariz puntiaguda   Nariz caída.
                                          recta.

Nariz inchada   Nariz anquilosada.   Nariz hendida.

Nariz torcida hacia   Nariz torcida hacia
la derecha.   la izquierda.

E) *Una nariz hinchada*, producida por un excesivo consumo de azúcar, fluidos, frutas y algunas verduras de origen tropical, así como exceso de grasas y aceites, indica que los sistemas circulatorio y excretor padecen trastornos.

F) *Una nariz anquilosada en la punta* es producida por el consumo de grasas saturadas, especialmente procedentes de alimentos de origen animal, como la carne, la volatería, los huevos, el queso y otros productos lácteos, que tiene como consecuencia un endurecimiento de las arterias y de los músculos, y la acumulación de grasas alrededor del corazón y de otros órganos, entre los que se encuentran el hígado, los riñones, el bazo y las glándulas prostáticas. Junto con el tipo de nariz hinchada descrita (E), esta nariz anquilosada es un signo de que puede producirse un ataque al corazón o una apoplejía.

G) *Una nariz hendida*. Si la punta de la nariz está dividida o tiene una muesca, ello se debe a un desequilibrio en la nutrición, especialmente a una falta de minerales y azúcares complejos durante el tiempo del embarazo. Este estado también puede ser producido por un consumo excesivo de azúcares simples como frutas, zumos y azúcar refinado, así como refrescos, sustancias todas ellas que privan al cuerpo de los minerales y los azúcares complejos. Una nariz hendida indica que el corazón late irregular o débilmente. Actualmente ese tipo de nariz se está haciendo cada vez más general.

H) *Una nariz torcida* se produce cuando la constitución física y mental de los padres es desequilibrada, y muestra un carácter y un estado físico no armónicos.

— *Una nariz que se inclina hacia la izquierda* indica que el lado izquierdo del cuerpo —incluido el pulmón izquierdo, el bazo y el páncreas, el riñón izquierdo, el colon descendente, el ovario o el testículo izquierdo— es más activo que los órganos del lado derecho. Esta constitución indica que los factores hereditarios del padre eran más fuertes.

— *Una nariz que se inclina hacia la derecha* indica que los órganos del lado derecho del cuerpo —incluido el pulmón derecho, el hígado, la vesícula biliar, el riñón derecho, el colon ascendente, el ovario o el testículo derecho— están más activos que los órganos del lado izquierdo. En este caso, los factores hereditarios de la madre eran superiores.

3. El color de la nariz

A) *Un color rojo en la punta de la nariz*, derivado de la dilatación de los capilares sanguíneos, se debe a un consumo excesivo de líquido, alcohol, bebidas y especias estimulantes y aromáticas, así como frutas, zumos y azúcar. Este síntoma indica a menudo un estado anómalo del corazón, especialmente irregularidad de la presión sanguínea, que tiende a la hipertensión.

B) *Una nariz púrpura*, que es el caso más extremo del color de nariz roja recién descrito, indica con frecuencia una baja presión sanguínea (hipotensión), que conduce al fallo cardiaco.

C) *Los capilares dilatados* que aparecen en la superficie de la piel de la nariz también indican un estado peligroso cardiaco y circulatorio, como en el caso de la nariz púrpura.

D) *Nariz blanca*. Cuando el color de la nariz se vuelve blanquecino, quiere decir que existe una posible contracción del corazón y de los capilares sanguíneos, debido a un consumo excesivo de sal o a una falta de verduras frescas y líquido. Este síntoma indica una mentalidad tímida y dubitativa y, desde el punto de vista físico, frío en las zonas periféricas del cuerpo, incluidos los dedos de las manos y de los pies, y la superficie general de la piel de todo el cuerpo.

4. Granos y manchas en la nariz

A) *Los granos o manchas blanco-amarillentos* que aparecen en cualquier parte de la nariz muestran la eliminación de excesivas grasas de origen animal, especialmente de productos lácteos. En este caso, las funciones digestiva y excretora padecen trastornos.

B) *Los puntos rojos u oscuros* que aparecen en cualquier parte de la nariz indican la eliminación de excesivo azúcar, incluido azúcar refinado, miel y fructosa. En este caso, las funciones excretora y circulatoria padecen trastornos.

Las mejillas

La zona de las mejillas representa los sistemas respiratorio y circulatorio, y la parte periférica de esta zona representa el sistema digestivo (fig. 61).

Fig. 61. Las mejillas

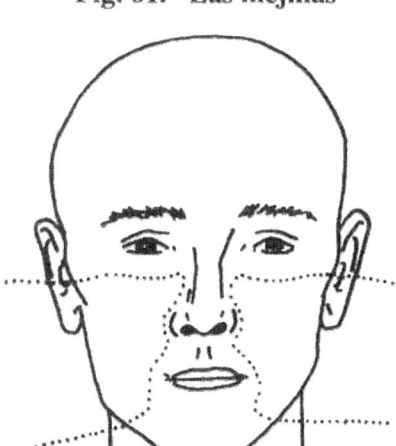

1. El estado de la piel y de la carne de las mejillas

A) *Las mejillas bien desarrolladas, con carne firme* y despejadas, junto con el color limpio de la piel indican unas funciones respiratoria y digestiva sanas, especialmente si no hay arrugas ni granos en esta zona.

B) *La carne de las mejillas más delgada de lo normal* indica una falta de equilibrio en la nutrición, y especialmente una falta de proteínas y grasas. Las capacidades respiratorias y digestivas son menores de lo normal.

C) *La carne firme en las mejillas*, sin embargo, no muestra un estado subdesarrollado, sino más bien que las funciones de los sistemas mencionados son activas y sanas.

2. Los colores y las marcas en las mejillas

El color, las marcas y el estado de la piel de las mejillas reflejan muy claramente el estado interno de los sistemas respiratorio, circulatorio y digestivo. Las líneas generales son las siguientes:

A) *Un color despejado y limpio* sin granos ni arrugas indica un buen estado de salud.

B) *Las mejillas rojas o sonrosadas*, excepto durante un ejercicio vigoroso o cuando la temperatura es fría, indican una dilatación anormal de los capilares sanguíneos producidos por trastornos cardiacos y circulatorios, debido al exceso de consumo de alimentos y bebidas yin, incluidos los líquidos, las frutas, los zumos, los azúcares y las drogas. En este caso, existe una tendencia a la hipertensión y, desde el punto de vista mental, a la sensibilidad nerviosa. La respiración también es más acelerada de lo normal, y la velocidad de circulación de la sangre es relativamente rápida.

C) *Las mejillas de color lechoso* son producidas por el exceso de consumo de productos lácteos, como queso, leche, nata y yogur, así como por el exceso de consumo de tofu o de otros productos a base de soja. Un exceso de consumo de productos farináceos y de frutas también produce un color parecido, una sombra rosácea mezclada con el color blanco lechoso. Este síntoma denota la acumulación de mucosidad y grasas en diversas regiones del cuerpo, incluidos los pulmones, los intestinos y los órganos reproductores.

D) *Los puntos oscuros en las mejillas* son un signo de acumulación de grasa o mucosidad en alguna parte de los pulmones, y a menudo el comienzo de un quiste o de la formación de un tumor. El café y otras bebidas aromáticas y estimulantes contribuyen a la aparición de este color en las mejillas.

E) *Los granos* en las mejillas indican la liberación de grasa y mucosidad excesiva producidas por el consumo de alimentos de origen animal, productos lácteos, aceites y grasas. En este caso, se está produciendo una gran acumulación de grasas y mucosidad en los pulmones, los intestinos, los órganos reproductores, así como en la región del cerebro frontal. También puede estar produciéndose una descarga vaginal con la formación de un quiste. Si estos granos son de color blanquecino, la principal causa es la leche y el azúcar; cuando son amarillentos, la principal causa es el queso, la volatería y los huevos. Los granos que aparecen en el centro de las mejillas y tienen una apariencia grasienta indican la formación de quistes en la zona del ovario, en el caso de la mujer, y alrededor de las glándulas prostáticas, en el caso del hombre.

F)   *Una mancha verde* alrededor de los bordes de las mejillas indica el origen de un cáncer en los pulmones o en el intestino grueso.

G)   *Una sombra oscura* encima del pómulo o debajo de la zona del ojo indica trastornos de los riñones y del sistema excretor, así como de los intestinos, debido al exceso de consumo de azúcar, miel y otros dulces. Este estado también puede ser producido por un exceso de sal y de alimentos dehidratados.

H)   *Las arrugas hinchadas* del pómulo indican inflamación o acumulación de grasa y mucosidad en la región intestinal, junto con un exceso de consumo de líquido.

I)   *Las pecas* en las mejillas indican la eliminación de azúcares simples, incluidos el azúcar refinado de caña, la fructosa y la lactosa, como es el caso de todas las pecas en general. Sin embargo, las pecas en las mejillas indican especialmente que estos azúcares están dañando las funciones respiratoria y digestiva.

J)   *Un color púrpura*, que aparece en una zona amplia como una sombra, indica un debilitamiento grave de los órganos respiratorios, debido al exceso de consumo de azúcar, sustancias químicas, drogas y medicinas. Si aparece en pequeñas áreas, indica estancamiento de la sangre o hemorragia interna de los pulmones.

K)   *Un color pálido* indica un estado generalmente anémico, debido a una nutrición desequilibrada, y frecuentemente indica una tuberculosis de pulmón. En el caso en que el color pálido cambie a ser una sombra más transparente, la tuberculosis está avanzando, y pueden surgir en otros casos lepra y otras enfermedades bacteriológicas.

Junto con demasiado consumo de alimentos de origen animal, el consumo de azúcar, frutas, zumos, sustancias químicas y drogas acelera este estado debilitante extremadamente yin.

L) *Color azul-grisáceo.* Si este color aparece en las mejillas indica trastornos crónicos del hígado causados por un consumo excesivo de sal, productos deshidratados, carne, huevos, alcohol y azúcares, que son alimentos tanto yin como yang. En este caso, el metabolismo del hígado y la vesícula biliar es lento, debido al endurecimiento o constricción de estos órganos.

M) *Si aparecen pelos en la mejilla,* especialmente finos, pequeños, y canosos, esto revela un exceso de consumo de productos lácteos, y muestra un mal funcionamiento de los órganos reproductores, así como una disminución de la capacidad respiratoria y de las funciones digestivas.

Las orejas

Las orejas representan toda la constitución y el estado físico y mental, especialmente los riñones como órganos antagónicos y complementarios. Los trastornos de las orejas están relacionados, por ello, con los trastornos en determinados órganos o glándulas del cuerpo, y particularmente con los riñones y funciones excretoras.

1. *La posición y la forma de las orejas*

La posición y la forma de las orejas reflejan la dieta que comió la madre durante el periodo del embarazo (véase fig. 62):

A) *Una constitución normal, sana,* formada por una alimentación equilibrada durante el periodo del embarazo produce unas orejas que empiezan en el mismo nivel de los ojos y se extienden hacia abajo, quedando el lóbulo a la altura de la boca. La parte inferior de la oreja debe unirse a la cabeza a nivel de la nariz.

B) *Un lóbulo pequeño, o la ausencia del lóbulo,* indica una dieta desequilibrada, especialmente carente de minerales. Este estado refleja

Fig. 62. Formas de la oreja

Oreja normal.    Ausencia de lóbulos.

Orejas puntiagudas.    Zona media de la oreja   Zona superior de la
                                       grande.   oreja expandida.

que las funciones cerebrales y nerviosas carecen de armonía y de amplia visión de pensamiento.

C) *Las orejas puntiagudas* proceden de un consumo excesivo de proteínas de origen animal, y muestran una tendencia hacia la agresividad y hacia una actitud corta de miras.

D) *Una zona media amplia* de la oreja, en proporción con la parte superior e inferior, indica el exceso de consumo de verduras y frutas crudas, especialmente de origen tropical, y una tendencia a ser escéptico, nervioso y con frecuencia tímido de pensamiento y de actitud.

E) *Las orejas situadas muy arriba* en la cabeza son producidas por un exceso de alimentos de origen animal consumidos durante el periodo del embarazo (fig. 63). En este caso, la persona puede ser más agresiva y cortante, pero carece de un pensamiento y una actitud equilibrados.

F) *Las orejas separadas* son producidas por el consumo excesivo de alimentos de origen animal, especialmente carne, volatería y huevos, y el consumo excesivo de productos farináceos cocidos, durante el periodo del embarazo. Una persona con orejas pequeñas tiende a pensar en los problemas más inmediatos y con una orientación más conceptual, pero es incapaz de pensar con una visión y comprensión amplia de lo que le rodea. Cuanto más grandes son las orejas, mejor es la constitución.

G) *Las orejas gruesas* son un signo de riqueza en la experiencia de vida y son producidas por factores de nutrición bien equilibrados, que tienen como consecuencia un estado mental y físico sano.

H) *Las orejas finas* son la consecuencia de una falta de equilibrio nutricional adecuado y muestra una tendencia hacia la discriminación y el prejuicio, con posibilidad de pobreza y dificultades en la vida física y mental.

I) *Las orejas horizontales y cercanas a la cabeza*, hasta el punto en que casi parecen pegadas a la misma, son la consecuencia de una

Fig. 63. Posición de las orejas

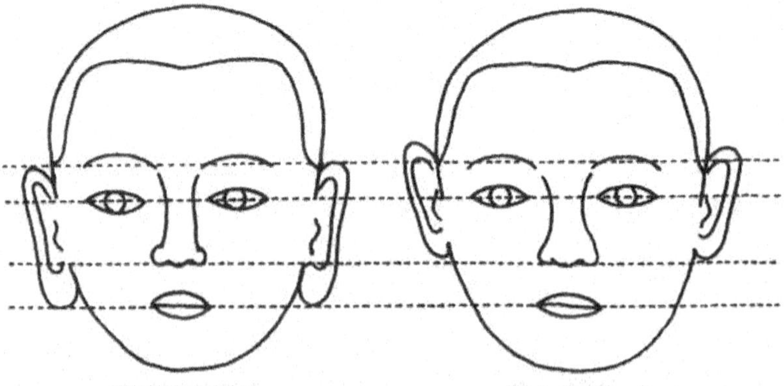

Posición normal.				Posición elevada.

alimentación sólida, equilibrada y bien cocinada tras el parto. Indica una solidez física y mental, junto con un metabolismo armonioso y el potencial de ser un buen líder social.

J) *Las orejas ligeramente separadas* de la cabeza, dentro de un ángulo aproximado de 30°, son producidas por el consumo de más alimentos yin, incluidas verduras crudas, frutas y zumos, e indica una tendencia a desarrollar más una actividad mental que física.

K) *Las orejas que se separan formando un ángulo de más de 30°* son producidas por el exceso de consumo de alimentos extremadamente yin, incluido el azúcar, las frutas, los zumos, las sustancias químicas y las drogas, y denota una tendencia al excepticismo, la sospecha, la discriminación y la estrechez de miras en la conducta cotidiana (fig. 64).

Fig. 64. Ángulo de las orejas

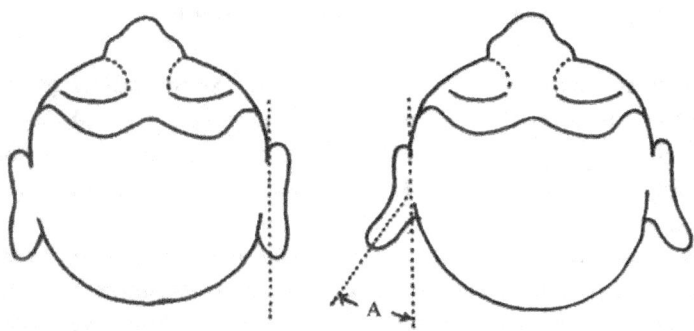

Las orejas normales se sitúan
paralelas a la cabeza.

Si el ángulo A es mayor de 30°, es
anormal.

2. Las tres zonas de la oreja

Las tres zonas de la oreja, como las tres líneas principales de la palma de la mano, corresponden a los sistemas fundamentales de la estructura embriónica durante el proceso evolutivo del periodo del embarazo (fig. 65):

Fig. 65. Zonas de las orejas

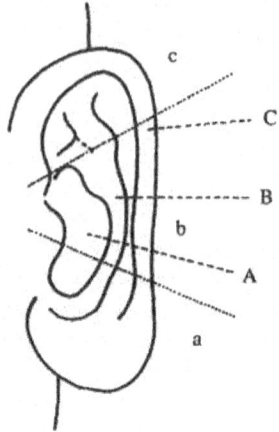

A: Zona interior.
B: Zona media.
C: Zona exterior.

Zona a: Parte inferior de la oreja
         (parte superior del cuer-
         po).
Zona b: Parte media de la oreja
         (parte media del cuerpo).
Zona c: Parte superior de la oreja
         (parte inferior del cuer-
         po).

Zona interna. Sistemas digestivo y respiratorio.
Zona media.   Sistema nervioso.
Zona externa. Sistemas circulatorio y excretor.

En estas zonas que corresponden a cada sistema existen puntos localizados que representan determinado órganos y glándulas. Estos puntos se hallan situados desde la parte inferior de la oreja hasta la parte superior, correspondiendo inversamente a las regiones del cuerpo, regiones superior e inferior.

En consecuencia, la zona del lóbulo corresponde al cerebro y a la cara, y la parte superior de las orejas corresponde a los intestinos, a la vejiga, a los órganos reproductores y a la parte inferior de la columna vertebral.

Cada zona de la oreja, así como la localización específica en cada zona, representa, pues, determinados órganos y funciones del cuerpo. Examinando un determinado lugar de la oreja, podemos ver el estado interno de una determinada parte del cuerpo. Este principio se utiliza en acupuntura, en el tratamiento del masaje y otras terapias, utilizando aproximadamente doscientos puntos en cada oreja.

A) *Pequeño pliegue o cartílago de la parte central frontal de cada oreja.* Si este pliegue es tan desarrollado que sobresale más de lo habitual, indica una fuerte voluntad, tolerancia, perseverancia y resistencia de la constitución física y mental.

B) *La zona interior* de cada oreja (zona A de la fig. 65) representa las regiones digestiva y respiratoria. Si posee un color anormal o capilares sanguíneos dilatados, indica trastornos digestivos y respiratorios.

C) *La zona media* (zona B) representa el sistema nervioso. Si sobresale anormalmente, denota una naturaleza persistente, impositiva y testaruda. El color rojo en esta zona indica trastornos nerviosos.

D) *La zona externa* (zona C) muestra el sistema circulatorio y excretor. Si tiene un color anormalmente rojo, excepto durante la realización de un ejercicio vigoroso o al aire libre cuando hace frío, indica trastornos del bazo y linfáticos.

E) *Un color púrpura* indica la existencia de funciones circulatorias débiles, debido al consumo de alimentos y bebidas extremadamente yin.

F) *La zona superior de la oreja* (zona c), cuando está anormalmente ensanchada, indica la posibilidad de desarrollar híper o hipoglicemia, debido a un exceso de consumo de azúcar, frutas y productos lácteos durante el periodo del embarazo.

G) *El lóbulo claramente separado de la cabeza* y bien desarrollado es una indicación de la existencia de un cerebro y de funciones nerviosas claras y, en el caso de la mujer, de órganos reproductores sanos.

4. La frente

La frente refleja toda la posición física y mental, y cada zona de la frente corresponde a determinadas zonas del cuerpo. La frente de cada persona es diferente, y el estado de la forma, color, piel y otras características revelan variantes de estado y de condición físicas y mentales. La frente puede dividirse en cuatro zonas (fig. 66): la parte inferior (A), la parte media (B), la parte superior (C) y las sienes (D).

Fig. 66. Zonas de la frente que corresponden a zonas del cuerpo

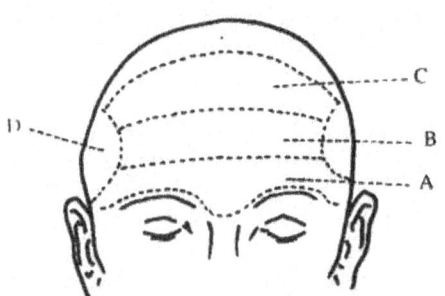

A) Zona inferior: Sistemas digestivo y respiratorio.
B) Zona media: Sistema nervioso.
C) Zona superior: Sistemas circulatorio y excretor.
D) Zona de las sienes: Bazo, páncreas, hígado y vesícula biliar.

1. La parte inferior de la frente

Esta zona representa físicamente los sistemas digestivo y respiratorio y sus funciones; y psicológicamente, la discriminación sensorial y el sentido práctico. Si la estructura ósea y muscular está bien desarrollada en esta zona, esto significa que estas funciones digestivas y respiratorias son fuertes y sólidas, y que las energías físicas y mentales son activas en la vida cotidiana práctica. Un cambio de color y otros síntomas anómalos de esta zona indican un cambio de los estados internos. Por ejemplo:

A) *Un color rojo* indica que las funciones digestivas sufren trastornos, con expansión de partes del aparato digestivo como el estómago y los intestinos, debido al exceso de consumo de grasas de origen animal, aceite vegetal, frutas, zumos, azúcar, alcohol y líquido, así como otros alimentos y bebidas muy yin. También es un signo de que puede estar desarrollándose una inflamación en los órganos respiratorios o digestivos, con una acumulación de grasa y mucosidad en los pulmones y en el intestino grueso.

B) *Un color oscuro* indica un metabolismo lento en las funciones respiratoria y digestiva, debido principalmente a un exceso de consumo de alimentos yang como la carne, los huevos, las sales, los alimentos deshidratados, los productos farináceos a base de cocidos y otros. Pueden presentarse estreñimiento y dificultades respiratorias.

C) *Un color gris* indica una acumulación de mucosidad y de grasa que evolucionan hacia la formación de quistes, tumores y cáncer en los sistemas respiratorio o digestivo, debido a un exceso de consumo de grasas de origen animal, productos lácteos y alimentos y bebidas yin, como las frutas, los zumos, los refrescos, los productos a base de harina refinada, las sustancias químicas, las drogas y los medicamentos.

D) *Las manchas, los granos y los puntos blancos o amarillos* representan la eliminación de mucosidad y grasa acumuladas en los pulmones e intestinos, debida principalmente al exceso de consumo de volatería, huevos, queso, leche y otros productos lácteos.

E) *Los granos rojos* indican una eliminación de alimentos excesivamente yin, incluidas las frutas, los zumos, los azúcares, las sustancias químicas y otros alimentos.

F) *La zona central de la parte inferior de la frente* representa el estado del hígado y de la vesícula biliar (fig. 67). Por ejemplo:

1. Las arrugas verticales que aparecen en esta zona —muy comunes hoy día— constituyen un signo de acumulación de mucosidad y de grasa en el hígado, y una dilatación o anquilosamiento del hígado. Cuanto más profundas y más largas son las arrugas,

Fig. 67. La frente-Zona central

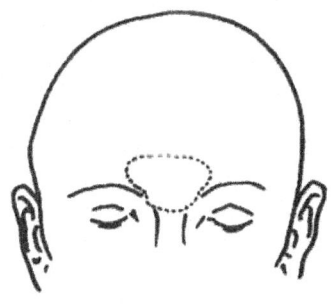
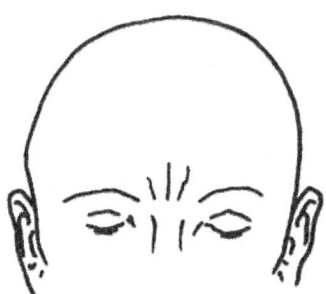

Zona central de la parte inferior de la frente.   Signos de trastornos de hígado.

peor es el estado. Puede haber sólo una arruga o varias. Si sólo hay una o dos, el hígado es más duro y más rígido, con un estancamiento de sus funciones. Estas líneas verticales han sido conocidas como el signo de la cólera, y de ahí las palabras para ésta, *kan shaku* (肝積), que han sido utilizadas en Japón y en China durante siglos, se escriben con dos caracteres que significan «dolores de hígado», o enfermedad aguda del hígado. Estas arrugas representan no sólo trastornos físicos del hígado y de la vesícula biliar, sino también una tendencia mental hacia el malestar, el mal genio y la excitación.

2. Si esta zona tiene manchas blancas o amarillas, junto con líneas verticales, ello indica que se está formando un quiste o un tumor en el hígado, o una piedra en la vesícula biliar.

3. Los granos en esta zona, con o sin arrugas, indican depósitos duros de grasa en el hígado, o una formación de piedras en la vesícula biliar, debido a un consumo durante mucho tiempo de grasas de origen animal, incluidos productos lácteos. Esto también indica inflexibilidad mental.

4. La piel seca y escamosa en esta zona, que se extiende posiblemente hasta la parte que se halla por encima de las cejas, indica un exceso de consumo de grasas y aceites tanto de origen animal como vegetal, junto con productos farináceos y la ausencia de consumo de verduras adecuadas.

2. La zona media de la frente

Esta zona muestra el estado del sistema nervioso. Si está bien desarrollada, indica una sólida capacidad intelectual. Si esta zona está hendida en relación con la parte inferior y superior de la frente, los instintos naturales son activos. Los cambios de color y otros síntomas en esta zona muestran trastornos nerviosos diversos. Por ejemplo:

A) *Un color rojo* indica nerviosismo, hipersensibilidad, excitabilidad e inestabilidad, debido al exceso de consumo de productos yin, incluidas las bebidas aromáticas y estimulantes, las frutas, los zumos, los refrescos, etcétera.

B) *Un color blanco* se produce por el exceso de consumo de productos lácteos, especialmente leche, nata y yogur, junto con un exceso de líquido. Las funciones nerviosas son generalmente lentas y torpes, y las actividades mentales son turbias y poco claras.

C) *Un color amarillo* indica que las funciones nerviosas tienden a estar alerta, pero son estrechas e inflexibles. Aunque la causa principal sea el excesivo consumo de huevos, volatería y productos lácteos, en algunos casos puede producirse también un estado similar por un exceso de consumo de hortalizas de raíz, como las zanahorias. En cualquiera de los dos casos, el trastorno subyacente indicado es un funcionamiento anormal del hígado y de la vesícula biliar.

D) *Los puntos y las manchas oscuras*, habitualmente llamadas «pecas», en esta zona como en cualquier otra zona de la frente, indican la eliminación de un exceso de azúcares, frutas, zumos, miel, leche, azúcar y otros dulces, así como productos químicos, drogas y otros medicamentos.

E) *Los granos y manchas rojas* también indican la eliminación de parecidos alimentos yin, pero principalmente de más azúcar y frutas, combinadas con productos a base de harina refinada blanca con productos lácteos. Sin embargo, este estado es más temporal, comparado con el estado de las pecas o de las manchas oscuras.

3. La parte superior de la frente

La parte superior de la frente que se encuentra inmediatamente bajo la línea del cabello, representa los sistemas circulatorio y excretor y sus funciones. Si esta zona está bien desarrollada, indica la existencia de saludables funciones circulatorias y excretoras, entre ellas una buena condición del corazón, de los riñones y de la vejiga. Sin embargo, si esta región no está desarrollada, estos sistemas son más débiles de lo normal. Esta zona también representa el carácter espiritual, que es paralelo al grado de desarrollo de esta zona: si su forma está bien desarrollada y bien equilibrada, esto denota una sólida capacidad espiritual, incluida la comprensión del mundo mental/espiritual con una visión más amplia de lo habitual.

Los cambios de color, los pelos y otros signos en esta zona indican diferentes tendencias físicas, mentales y espirituales. Por ejemplo:

A) *Un color rojo* indica que las funciones circulatorias están trabajando en exceso, debido a un consumo excesivo de líquidos, frutas, zumos y otros alimentos y bebidas yin, incluido el alcohol y las bebidas estimulantes y aromáticas. Esto produce un pulso más rápido y, en algunos casos, fiebre. Las funciones excretoras también se vuelven hiperactivas, con micción, indigestión y diarreas frecuentes.

B) *El color y las manchas blancas* aparecen debido al consumo excesivo de grasas y aceites, incluidos productos lácteos, así como grasas y aceites de origen animal y vegetal. Este estado es frecuentemente acompañado por «vello infantil» plateado, producido por el exceso de consumo de leche y otros productos lácteos. En la sangre puede observarse un alto índice de colesterol y de contenido ácido graso. También se manifiesta una debilidad en los latidos del corazón, así como acumulación de grasa y mucosidad en los riñones, uretra y otros órganos excretores.

C) *El color oscuro y manchas del mismo tono* son producidas por el exceso de consumo de azúcares, incluidos los azúcares procedentes de frutas, zumos, leche y caña de azúcar. La miel, los siropes y los productos a base de harina blanca refinada no están exceptuados. Los riñones pueden formar depósitos de mucosidad y grasa, y quistes y piedras, y pueden producirse fácilmente infecciones de la vejiga.

D) *El color amarillo y manchas del mismo tono* indican la eliminación de excesiva grasa de origen animal, especialmente procedente de carne, volatería, huevos y queso. Los aceites de pescado pueden también contribuir a este estado. La sangre en este estado tiene un alto índice de colesterol y contenido ácido graso, sufren trastornos las funciones del hígado y de la vesícula biliar.

E) *Los granos* en esta zona indican la eliminación de diferentes tipos de alimentos consumidos en exceso: granos rojos por el azúcar, frutas y zumos; granos blancos por las grasas y aceites; granos amarillentos por grasas de origen animal y colesterol, y granos oscuros por proteínas junto con grasas, como es el caso de los lunares y de las verrugas.

F) *La pérdida de pelo* en esta zona tiene como consecuencia una zona frontal calva, que es producida por el exceso de consumo de alimentos yin, incluidos líquidos, alcohol, frutas, zumos, azúcares y otros dulces (véase p. 128). Indica que el corazón y las funciones circulatorias están sobrecargadas, debido a un mayor volumen de la sangre y del fluido linfático, y a una menor calidad de dichos fluidos. Las funciones excretoras son hiperactivas, especialmente la micción, que es frecuente.

4. *Las sienes*

Las sienes corresponden a las funciones del bazo, páncreas, hígado y vesícula biliar. Por ejemplo:

A) *Las venas verdosas* que aparecen en esta zona indican una circulación linfática anormal, debido a un bazo hiperactivo o a una vesícula biliar hipoactiva, y son producidas por un exceso de fluidos y azúcar, aceites y grasas, alcoholes y estimulantes y otros alimentos y bebidas yin.

B) *Un color oscuro* indica la eliminación de un exceso de azúcares, incluida la caña de azúcar, la miel, los siropes, el chocolate, las frutas, los zumos y la leche. Este estado también surge a veces por la causa opuesta: un exceso de consumo de sales y alimentos tratados con sales, como los alimentos deshidratados. Este estado muestra que el hígado, el bazo y los riñones están hiperactivos. Las funciones pancreáticas también tienden a producir un nivel irregular de azúcar, lo cual tiene como consecuencia estados como la hiperglicemia o la hipoglicemia.

C) *Las manchas y los granos* que aparecen en esta zona también indican la eliminación de diversos excesos de productos lácteos. Los granos rojos y las manchas del mismo tono son producidas por un exceso de azúcar, dulce, frutas y zumos. Los granos amarillos blancuzcos son producidos por grasas y aceites, tanto de origen animal como vegetal. Las manchas y los granos oscuros son producidos por exceso de dulces, o también por sal y productos farináceos. Los lunares y las verrugas son producidos por un exceso de proteínas y de grasas al mismo tiempo. Esto muestra, respectivamente, trastornos en el bazo y en el páncreas, en el hígado y en la vesícula biliar.

5. *La frente como un todo*

Toda la frente muestra el estado físico general y el sistema nervioso en particular.

A) *Una frente limpia y clara* con un estado de piel normal indica salud física y mental, junto con todos los metabolismos en armonía.

B) *Una frente acuosa*, especialmente en la zona superior, muestra trastornos en los sistemas circulatorio y excretor, debido al exceso de consumo de líquidos, incluidas las frutas y los zumos de frutas.

C) *Una piel grasa* indica trastornos en el hígado, la vesícula biliar y el sistema digestivo, debido a un exceso de consumo de productos aceitosos, incluidos las grasas y los aceites, tanto de origen animal como vegetal.

D) *Las arrugas horizontales* en la frente, que surgen en los primeros años adultos, son producidas por el exceso de líquido, incluidos las bebidas, las frutas, el zumo de frutas y los productos lácteos, frecuentemente junto con un exceso de grasas y aceites (fig. 68). Sin embargo, las arrugas horizontales que aparecen en la frente después de los 50 son más naturales, debido a la construcción de los tejidos de la frente. Estas líneas representan los principales sistemas del cuerpo de la siguiente forma. Si aparecen cuatro líneas, no contar con la línea de arriba o la de abajo, según cuál sea más débil; y si aparecen cinco líneas, descontar la línea de arriba y la de abajo.

Fig. 68. Arrugas horizontales en la frente

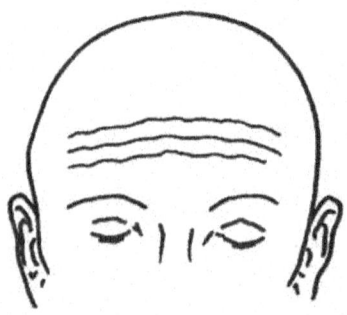

— *Línea de abajo:* Sistemas digestivo y respiratorio; corresponde a la línea de la vida de la palma de la mano.
— *Línea de en medio:* Sistema nervioso; corresponde a la línea de la cabeza o de la inteligencia de la palma de la mano.
— *Línea superior:* Sistemas circulatorio y excretor; corresponde a la línea del corazón o de la emoción de la palma de la mano.

Estas tres líneas debieran ser largas, profundas y claras en el caso de un estado mental y físico saludable. Si cualquiera de ellas es débil, fina o está partida, ese sistema concreto es débil. Si aparecen puntos rojos, oscuros, blancos o amarillos en cualquiera de las líneas, indican que cierta zona sufre trastornos en ese sistema.

E) *Los pelos que crecen en la frente* indican el exceso de consumo de determinados alimentos:

— *Las canas* son producidas por productos lácteos.
— *Los pelos marrones oscuros* son producidos por hidratos de carbono.
— *Los pelos finos o amarillos-marrones* son producidos por proteína y grasa de origen animal.

5. El pelo

El pelo que crece en cualquier parte del cuerpo es la eliminación de un exceso de alimentos. La principal sustancia del pelo es proteína, grasa y minerales, pero también son producidos por el consumo de hidratos de carbono, que se convierten en proteínas y carne en el cuerpo. El pelo puede dividirse en dos categorías generales:

1. El pelo que crece hacia arriba, como el pelo de la cabeza.
2. El pelo que crece hacia abajo, como en el bigote, la barba y la mayor parte del vello corporal.

El pelo que crece hacia arriba procede de elementos de calidad más vegetal, incluidos los hidratos de carbono, mientras que el pelo que crece hacia abajo procede de proteínas y grasas tanto de origen animal como vegetal. El pelo se parece a los árboles y plantas que crecen en la superficie de la tierra. La calidad del pelo —que sea duro o suave, claro u oscuro, graso o seco, su longitud y otras características— muestra claramente nuestra constitución y nuestro estado físico y mental. Por ejemplo, las personas que viven en un clima norteño con menos sol tienen habitualmente cabellos rubios o castaños con una textura fina y blanda; las personas que viven en climas más calientes con un sol más fuerte suelen tener el cabello más oscuro y duro. Estas diferencias climáticas tienen como consecuencia diferencias de dieta, que producen las diferentes clases de pelo, según los siguientes principios:

Clima	Práctica dietética	Tipo de pelo
Frío (yin).	Alimentos de origen más animal, productos lácteos, pescado y cereales y legumbres de la estación bien cocinados y verduras; más sal (yang).	Rubio, pelirrojo, moreno; fino, delgado, más suave y ondulado (yin).
Frío, clima con cuatro estaciones (yin).	Cereales bien cocinados y verduras, con frutas ocasionales. Alimentos de origen animal, productos lácteos, pescado y mariscos (yang).	Moreno, castaño y negro; suave, pero ligeramente más duro. Más liso y menos ondulado (yin).
Clima más caliente con cuatro estaciones (yang).	Cereales, verduras y frutas, incluidas verduras crudas y frutas, con pocos alimentos de origen animal, productos lácteos, pescado o marisco (yin).	Oscuro o negro; más duro y liso (yang).
Clima semitropical caliente (yang).	Cereales, verduras y alimentos crudos, frutas frescas y zumos; muy pocos alimentos de origen animal, productos lácteos, pescado o mariscos (yin).	Negro, duro y rizado (yang).

Según estos principios, un estado físico yang, nutrido por alimentos yang, produce un tipo yin de pelo; y un estado físico yin, nutrido por alimentos yin, produce un tipo yang de pelo. Así, es fácil comprender por qué un bebé, que tiene un estado más yang (tamaño pequeño, alta temperatura, etc.) produce un tipo de pelo yin —suave y ondulado con un color más claro— y, a medida que crece, generalmente el pelo cambia hasta hacerse más duro y liso con un color más oscuro.

El pelo aparece en diversas partes del cuerpo, y al examinar su color, textura y otras características, podemos diagnosticar la condición de los diversos órganos y funciones que corresponden a su apariencia específica, como se expone a continuación.

1. El pelo de la cabeza

El pelo de la cabeza constituye un buen reflejo de nuestro estado físico y mental, e indica especialmente nuestro estado de salud durante el periodo de crecimiento del pelo. Cada pelo representa todas las fases de todo el periodo de crecimiento; la punta del pelo refleja el pasado y la zona de la raíz refleja el presente. Un examen microscópico mostraría distintas variaciones de espesor, color, dureza, textura, ondulación a lo largo de un solo pelo (fig. 69). Si examinamos un pelo que ha necesitado un año para crecer, podemos dividirlo en secciones que representan las cuatro estaciones de los nueve meses del año. El

Fig. 69. Un pelo de la cabeza, que muestra los patrones de crecimiento recientes y del pasado

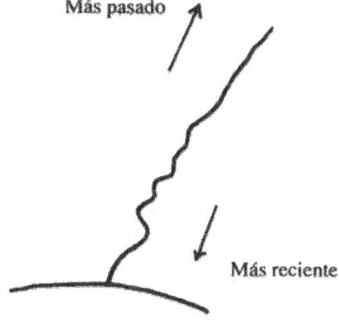

Más pasado

Más reciente

estado de cada sección revela la clase de alimentos y bebidas que fueron consumidos, qué tipos de enfermedad se padecieron y cuáles fueron los estados mentales. He aquí algunas orientaciones generales:

Calidad del pelo	Tipo de alimentación
Más espeso; más claro.	Más proteínas y grasas.
Más espeso; más oscuro.	Más hidratos de carbono, proteínas y aceites de origen vegetal.
Más delgado; más claro.	Más alimentos de origen animal y comidas a base de verduras y cocinadas con sal.
Más delgado; más oscuro.	Más alimentos de origen vegetal bien cocinados con sal.
Rizado.	Más alimentos de origen animal con sal, bajo condiciones climatológicas templadas; más hidratos de carbono con fuerte sol bajo condiciones climatológicas tropicales.
Liso.	Más alimentos de origen y vegetal y animal; generalmente bien equilibrados.
Gris o blanco.	Más alimentos de origen animal o verduras bien cocinadas con sal; a veces, malnutrición.

Sin embargo, debe recordarse que el pelo crece más lentamente en otoño y en invierno, y más rápidamente en primavera y verano, por lo que las secciones estacionales del pelo no serán de igual longitud.

El pelo de la cabeza puede dividirse en varias zonas, que corresponden a ciertas zonas del cuerpo (fig. 70):

Zona del pelo	Zona del cuerpo
Frente (A).	Riñón, vejiga, sistema excretor y sus funciones.
Sienes (B).	Pulmones, intestino grueso y sus funciones.
Parte superior (C).	Corazón, sistema circulatorio, intestino delgado y sus funciones.
Laterales de la nuca (D).	Bazo-páncreas, estómago y sus funciones.
Nuca (E).	Hígado, vesícula biliar y sus funciones.

Fig. 70. Pelo de la cabeza y partes relacionadas del cuerpo

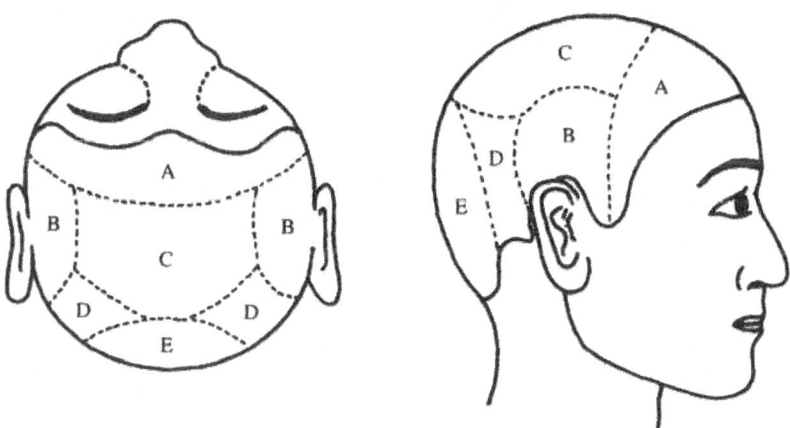

El pelo también indica el estado interno y periférico del cuerpo: las puntas del pelo indican las regiones más internas del cuerpo, y las raíces, las regiones más periféricas.

En consecuencia, los cambios de color y otras características que surgen en determinadas zonas de la cabeza indican el estado de los sistemas, órganos, glándulas y funciones correspondientes del cuerpo.

A) *Las puntas horquilladas* constituyen una manifestación de un estado yin de diferenciación y extensión, e indica que la región interna del cuerpo está afectada por un consumo excesivo de alimentos yin: exceso de alimentación en general, sobre todo de azúcar y dulces, aceites y grasas, frutas y zumos, y una falta de cereales duros y fibrosos, verduras y algas, así como minerales adecuadamente equilibrados (fig. 71). Este estado revela especialmente que los ovarios y el útero, la glándula prostática y los testículos, y las funciones reproductoras no están, en general, en un buen estado de salud.

B) *El pelo gris y blanco* se produce naturalmente con la edad. Éste es un buen ejemplo para demostrar que un estado físico que se contrae, excesivamente yang, produce este color. Si se come excesivos alimentos de origen animal o verduras muy cocinadas, con un volumen relativamente grande de sal o minerales, y sin suficientes verduras frescas de hoja, este color puede producirse con facilidad. El con-

Fig. 71. Puntas del pelo en horquilla

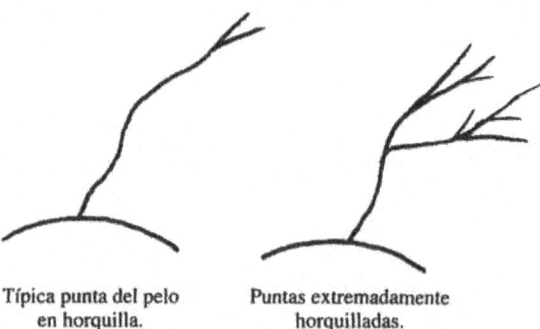

Típica punta del pelo   Puntas extremadamente
en horquilla.   horquilladas.

sumo de sal marina o de productos harináceos sanos o cocidos con sal también pueden producir este estado.

Cuando el pelo se vuelve gris o blanco, las funciones del hígado y de la vesícula biliar se vuelven menos activas y la personalidad se hace más determinante, rígida, obstinada y estrecha de miras.

C) *Pelo seco y pelo húmedo.* El consumo de líquido, incluidas todas las bebidas, frutas, zumos de frutas y otros líquidos utilizados para cocinar, producen un pelo más húmedo. En este caso, las funciones circulatorias y excretoras son hiperactivas, y la micción frecuente.

Por otra parte, la deshidratación tiene como consecuencia un pelo seco. En este caso, además de las funciones del hígado y de la vesícula biliar, son también anómalas las funciones del bazo y del páncreas, con estancamiento de las funciones circulatoria y respiratoria.

D) *Pelo graso.* El consumo excesivo de grasas y aceites, tanto de origen animal como vegetal, pero no hasta el punto que la acumulación de grasa debajo de la piel impida la transpiración, produce pelo graso. Las grasas y los aceites que son la causa de este tipo de pelo son del tipo no saturado.

En este caso, la acumulación de mucosidad puede estarse produciendo en los pulmones, intestinos y órganos reproductores, debido al ácido graso contenido en la sangre, lo que tiene como consecuencia una hipoactividad de las funciones respiratorias, digestivas y reproductoras, y produce una fatiga y cansancio generales.

E) *La caspa* es una eliminación de exceso de alimentos, especialmente de proteínas y grasas, que tiene como consecuencia que la piel se pele. Puede ser producida por un exceso de comida en general; o por el exceso de consumo de cualquier clase de alimentos de origen animal; o por alimentos aceitosos y grasos tanto de calidad animal como vegetal. La caspa indica, desde el punto de vista físico, trastornos en las funciones de los riñones y excretoras; y, desde el punto de vista psicológico, una mente cambiante, indecisión, excitabilidad y mal genio.

2. *Zonas de pérdida de pelo*

La pérdida de pelo es común actualmente. Puede ocurrir por partes, o en uno de los tres tipos generales de calvicie. Toda pérdida de pelo procede de una de las dos siguientes causas:

A) *La pérdida de pelo por lados de la frente* se debe a la expansión de los tejidos, producida por el exceso de consumo de líquidos y otros alimentos yin y bebidas, incluidos todo tipo de refrescos, frutas, zumos, gaseosas, azúcares, dulces, estimulantes, sustancias químicas, drogas, medicamentos, verduras crudas, tomates, calabacines y otras verduras de origen tropical (zona A de la fig. 72).

En este estado, significa que están decayendo las funciones circulatoria y del corazón, de los riñones y excretoras, así como la vitalidad reproductora. Las funciones digestivas, especialmente las actividades intestinales, pueden también estar hipoactivas. Desde el punto de vista mental, hay una tendencia a ser más conceptual e intelectual, más que práctico y materialista.

B) *La pérdida de pelo en la zona central de la cabeza* surge cuando existe un exceso de consumo de alimentos yang, incluida la carne, la volatería, los huevos, los productos lácteos y, en algunos casos, el pescado y los mariscos (zona B de la fig. 72). Las proteínas animales, las grasas muy saturadas, la sal y los alimentos secos son la causa de ese tipo de calvicie. En este caso, el corazón, el hígado, el páncreas y los órganos reproductores están reuniendo una acumulación de grasa y de mucosidad, que produce una dureza y rigidez en los músculos y en los tejidos. Este estado tiende a producir trastornos cardiovasculares, trastornos digestivos crónicos y la formación de quistes y de tumores. Desde el punto de vista mental, indica una actitud más

Fig. 72.   Zonas de pérdida de pelo

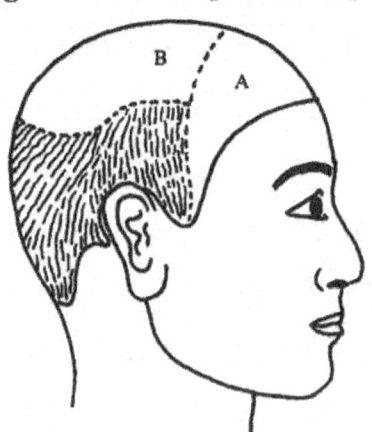

agresiva, ofensiva y determinada, con una orientación hacia el pensamiento materialista y práctico.

C. *La pérdida de pelo en la zona frontal y central de la cabeza,* que cubre una extensa superficie, es causada por una combinación de los dos estados que se acaban de describir (A y B): el consumo extremo tanto de alimentos de origen animal muy yang y de alimentos yin como el azúcar, las frutas, los zumos, los productos químicos y las drogas, y la falta de factores nutricionales equilibrados a base de cereales, judías, verduras y algas.

En consecuencia, surgen una diversidad de síntomas, incluidas enfermedades agudas y degenerativas. Desde el punto de vista mental, existe una tendencia a que se desarrolle un estado esquizofrénico, cambios de humor, irritabilidad, con falta de alma, paciencia, generosidad, compasión y perseverancia.

D) *La pérdida de pelo en calvas* puede surgir temporalmente en determinadas zonas de la cabeza, debido a dos tipos de alimentos tal como se acaba de describir. La localización de este tipo de pérdida de pelo indica un trastorno temporal en la correspondiente zona del cuerpo. Por ejemplo, la pérdida de pelo en calvas en lo alto de la cabeza cerca de la coronilla se debe a un exceso de consumo frecuente de alimentos de ori-

gen animal, que perturba las funciones del intestino delgado. Si la pérdida de pelo se produce a los lados de la cabeza, la causa es un repentino
consumo de una gran cantidad de grasas animales, productos lácteos y
aceites vegetales, junto con frutas y zumos de fruta, que está temporalmente trastornando las funciones de los pulmones.

Especialmente si estas calvas se ven acompañadas por escamas en
la piel, quiere decir que existe una descarga de grasas de origen animal.

3. Bigotes y barbas

Los bigotes y las barbas también son eliminaciones de excesivo
alimento, y, al igual que el pelo de la cabeza, constituyen procesos
normales de descarga. Aparecen normalmente en los hombres y no en
las mujeres. Si un hombre no tiene bigote ni barba, es tan anormal como cuando una mujer los tiene. Puesto que la zona alrededor de la boca corresponde a la región genital, el bigote y la barba están estrecha-
mente conectadas con el estado y funcionamiento de las hormonas
masculinas y femeninas.

He aquí las orientaciones generales para el diagnóstico:

A) *Una barba y un bigote poblados* indican más alimento, incluso un exceso de alimentación y un metabolismo más rápido. El exceso
de consumo de alimentos de origen animal crean una barba y un bigote mucho más poblados que los alimentos de origen vegetal, aunque
éstos también pueden producirlos activamente si se comen en exceso.
Este estado indica una naturaleza más física, con una tendencia a ser
más fuerte, aunque mentalmente tosco.

B) *Una barba y un bigote más delgados* indican menos alimentos, especialmente menos proteínas y grasas, y un metabolismo más
lento. Puesto que la velocidad de crecimiento de la barba y del bigote
es proporcional a la actividad metabólica, una persona que es menos
activa desde el punto de vista físico tiene una barba y un bigote que
crecen más lentamente. En este caso, existe una tendencia a poseer
una naturaleza más mental, estética y delicada.

C) *Una barba o un bigote en la mujer* vienen producidos por una
dieta rica en alimentos, proteínas y grasas de origen animal, o de un
exceso de alimentación en general. Las mujeres no deben tener barba

ni bigote, y cuando éstos aparecen, ello indica trastornos en las funciones reproductoras.

D) *Una barba y un bigote que cubren una zona inhabitualmente amplia, especialmente en la zona de la barbilla,* es producida por un exceso de consumo de productos lácteos u otras grasas de origen animal. En este caso, la actividad reproductora es menor que la media, y las capacidades mentales son más bien limitadas, especialmente la capacidad para las funciones espirituales más elevadas.

4. *El pelo en el cuerpo*

El pelo aparece en muchas zonas del cuerpo, y es diferente en cada persona, según las variantes de dieta que se hayan seguido durante el tiempo del embarazo. En general, podemos ver algunos patrones básicos en relación con el crecimiento del pelo:

— Las razas asiáticas tienen menos vello corporal que las razas occidentales.
— Las personas que viven en climas más calientes o cálidos tienen menos vello corporal que las personas que viven en climas más fríos.
— Las personas que han comido alimentos de origen vegetal tienen menos vello corporal que las personas que han comido alimentos de origen animal.
— Las mujeres tienen menos vello corporal que los hombres.

La cantidad de vello corporal tiende a disminuir a medida que progresa la evolución biológica hacia especies superiores. Las conchas de los invertebrados y de los anfibios, y las escamas de los peces y de los reptiles, se han convertido en pelo corporal en los mamíferos. A medida que los mamíferos se han desarrollado hasta el ser humano, el pelo del cuerpo ha desaparecido rápidamente, y está completamente ausente en la mujer: la fase más alta de la evolución biológica de la Tierra hasta el presente.

Quienes tienen vello en el cuerpo, por consiguiente, ya sean hombres o mujeres, no han seguido una dieta cotidiana adecuada a los seres humanos —cereales y verduras—, sino que han estado comiendo otros tipos de alimentos, incluida la carne, la volatería, los huevos, los productos lácteos, el azúcar y los alimentos ricos en proteínas y grasas tanto de origen animal como vegetal.

A) *Un diagnóstico del vello corporal.* Según su localización, el vello corporal indica diferentes causas y estados de salud, según se describe a continuación (véase fig. 73):

Fig. 73. Vello corporal

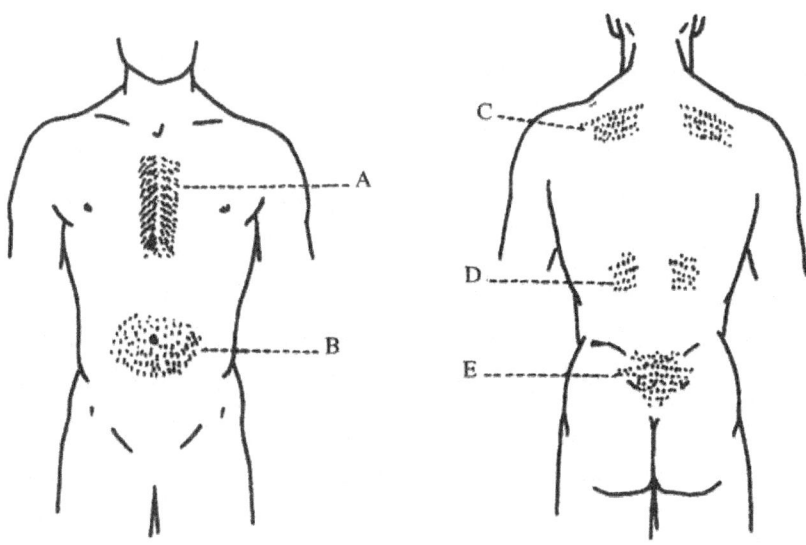

Localización	Causas	Estado de salud
Región del pecho (A).	Grasas animales, productos lácteos, aceite vegetal.	Debilidad de los bronquios, pulmones y funciones respiratorias.
Región abdominal (B).	Proteína animal, grasas saturadas.	Debilidad de los intestinos y funciones digestivas.
Región superior de la espalda (C).	Grasas tanto de origen animal como vegetal; exceso de consumo de azúcar y otros hidratos de carbono.	Debilidad de los pulmones y de las funciones respiratorias.

Localización	Causas	Estado de salud
Región media de la espalda (D).	Exceso de productos lácteos y otras grasas de origen animal; grasas vegetales; exceso de consumo de proteínas.	Debilidad de los riñones y funciones excretoras.
Región inferior de la espalda (E).	Exceso de alimentos de origen animal y vegetal ricos en proteínas y grasas.	Debilidad de los intestinos y funciones digestivas.
Vello en cualquier zona.	Exceso de proteínas y grasas de origen animal y vegetal.	Debilidad de los órganos y de las funciones localizadas en dicha zona.

B) *Vello en los brazos y las piernas.* Menos vello en los brazos y en las piernas indica que se ha consumido menos alimentos de origen animal, mientras que más vello en los brazos y en las piernas indica que se ha consumido más alimentos de origen animal, así como verduras ricas en proteínas y grasas. El vello en las piernas es normalmente más duro y espeso que el vello en los brazos. En el caso de la mujer, el vello espeso en las piernas indica que las funciones reproductoras tienden a ser hiperactivas o inhibidas. En el caso del hombre, es normal tener un poco de vello en los brazos y en las piernas, al contrario que las mujeres, que tienen muy poco o ninguno, cuando se hallan en un buen estado de salud.

El vello en los brazos de color plateado —«vello de bebé»— es causado por el exceso de consumo de productos lácteos, especialmente leche. En este caso, las funciones respiratoria y digestiva tienden a ser débiles, y puede haber una acumulación de grasas y mucosidad en numerosas partes del cuerpo.

C) *Vello en las axilas.* El vello largo y espeso bajo la axila es producido por el exceso de consumo de alimentos, especialmente proteínas y grasas, junto con un exceso de líquidos, incluyendo toda clase de bebidas, frutas y zumos. En este caso, las funciones digestivas tienden a ser más débiles.

El vello más delgado y corto bajo las axilas es producido por menos alimento y más consumo de verduras y frutas que alimentos ricos en hidratos de carbono, proteínas y grasas. Este rasgo revela una debilidad potencial de las funciones respiratoria y circulatoria.

D) *El vello pélvico*. Cada persona tiene un vello pélvico diferente, debido a las diferencias de la constitución física que se ha desarrollado durante el tiempo del embarazo, así como las diferencias de dieta desde la infancia hasta el momento actual. Las pautas son las siguientes:

Tipo de vello	*Causa dietética*	*Estado de salud*
Vello pélvico espeso.	Nutrición rica y exceso de alimentación, especialmente de proteínas y grasas, fundamentalmente de alimentos de origen animal, pero también de alimentos de origen vegetal, en algunos casos, incluidas las judías, nueces y otros alimentos oleaginosos.	Comportamiento sexual y actividad reproductora generalmente sanos.
Vello pélvico delgado.	Menos nutrición o menos alimentación, especialmente de proteínas y grasas. Más consumo de verduras con productos lácteos en algunos casos.	El sentido sexual es más sensible, pero la capacidad reproductora menor.
Zona más ancha de vello pélvico.	Exceso de proteínas y grasas, junto con productos lácteos, azúcar, frutas y zumos.	Comportamiento sexual menos ordenado; gran propensión a trastornos genitales.
Zona más pequeña de vello pélvico.	Menos variedad de comida, especialmente de proteínas y grasas.	Estado sexual y capacidad reproductora generalmente sanos.
Ausencia de vello pélvico.	Exceso de consumo de huevos, queso, leche y pescado azul, o productos farináceos, zumos de frutas, azúcares y otros alimentos yin, con falta de cereales y verduras.	Sexualmente sensible, pero menos vitalidad y capacidad reproductora.

6. Las manos

Las manos y los pies, como el final de la punta de los brazos y de las piernas pueden considerarse como extensiones de los órganos internos. Por ello, reflejan la constitución y el estado de diversos órganos. Las zonas más periféricas de las manos, hacia las puntas de los dedos, corresponden a las partes más profundas de los órganos (fig. 74). Los brazos, manos y pelos, así como las piernas, pies y dedos de los pies, están dispuestos en un patrón en espiral que crece hacia fuera a partir de los órganos internos, desde los que se descarga la energía una vez formados los órganos, durante el periodo embriónico. Continúan desarrollándose después del nacimiento, y actúan como partes periféricas del cuerpo para descarga de la energía, de las vibraciones y de los excesos nutritivos de las regiones internas del cuerpo. Así pues, pueden también revelar el estado actual físico y mental.

Fig. 74. Correlación de los brazos y de las piernas con los órganos internos

Más hacia A: correlación con las partes más periféricas de los órganos.
Más hacia B: correlación con partes más profundas de los órganos.

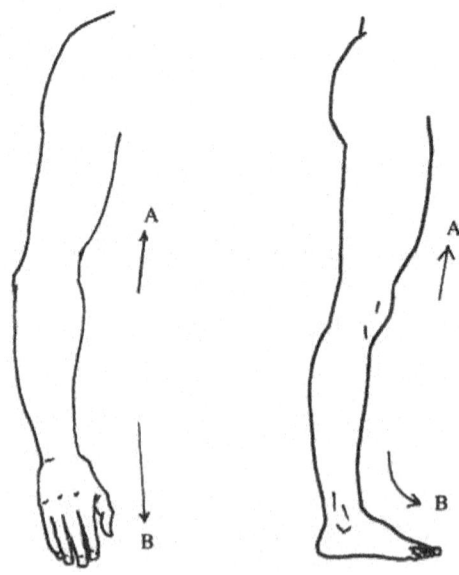

1. *Las características generales de las manos*

La mano puede dividirse en dos zonas generales: la palma y los dedos. La palma refleja más la constitución física, mientras que los dedos reflejan más las tendencias mentales. Podemos también dividir verticalmente la mano en seis zonas, que tienen una correlación con los seis meridianos principales (fig. 75):

1. El pulgar y su base (A), que corresponde a los pulmones y a sus funciones.
2. El índice y su base (B), o raíz, hasta la base de la palma de la mano, incluyendo la misma zona del envés de la mano, corresponde al intestino grueso y sus funciones.
3. El dedo corazón y su raíz (C), incluyendo esa zona en el envés de la mano, corresponde a los tres *chakras*, que son los centros de energía del corazón, del estómago y de la región abdominal, así como de las funciones circulatoria y reproductora.
4. El dedo anular y su raíz (D), incluyendo la misma zona del envés de la mano, corresponde a los tres *chakras* o centros de energía y del control de vitalidad, de la temperatura y de la energía.

Fig. 75. Las palmas de las manos y de los dedos en relación con las funciones corporales

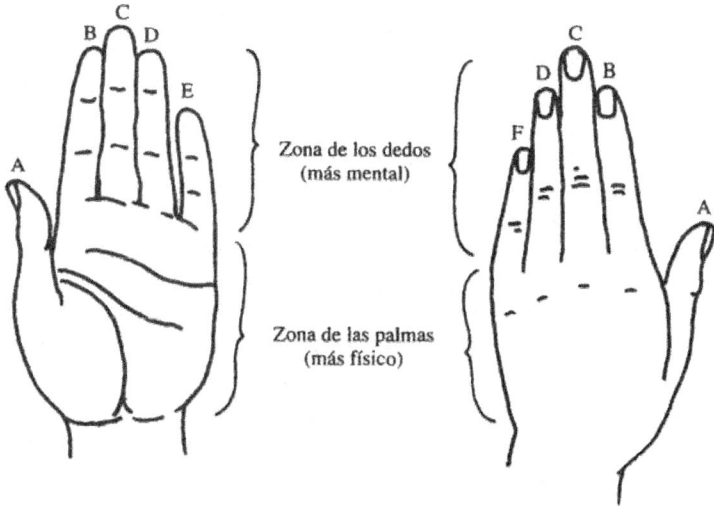

5. El meñique y su raíz, sólo en el lado de la palma (E), corres-
    ponde a las funciones cardíaca y circulatoria.
6. El meñique y su raíz, en el envés de la mano (F), corresponde
    al intestino delgado y sus funciones.

A) *La palma de la mano.* La palma de la mano puede dividirse
en tres zonas siguiendo las tres líneas esenciales de la misma, que corresponden a los principales sistemas del cuerpo (fig. 76):

> *La línea A* y su zona corresponden a las funciones digestiva y res-
> piratoria. Se llama «la línea de la vida», debido a su impor-
> tancia vital para la actividad de la vida y la longevidad.
> *La línea B* y su zona corresponden a las funciones nerviosas. Se
> llama «línea de la cabeza o del intelecto», puesto que refleja
> el cerebro y las cualidades nerviosas.
> *La línea C* y su zona corresponden a las funciones circulatoria y
> excretora. Se llama «línea del corazón o de la emoción», de-
> bido a la influencia decisiva del estado de la sangre y de la
> orina, sobre la actividad emocional.

B) *Los dedos* también pueden dividirse en tres zonas, según las
secciones marcadas por los nudillos (fig. 77):

Fig. 76. Líneas de la palma de la mano

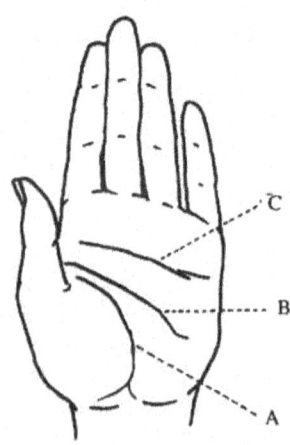

Fig. 77. Secciones de los dedos

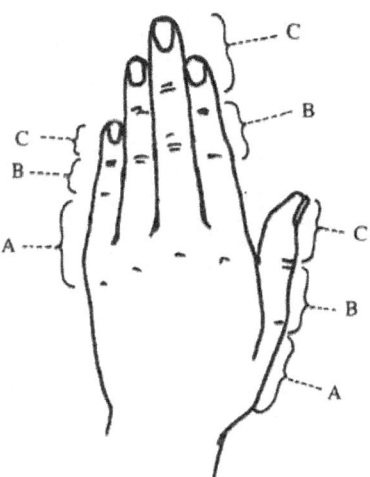

La zona de la base (A) corresponde a las funciones digestiva y respiratoria. En el caso del pulgar, es la zona de la raíz.

La zona media (B) corresponde a las funciones nerviosas. En el pulgar, ésta es la zona de la base.

La zona de las puntas (C) corresponde a las funciones circulatoria y excretora.

C) *Las uñas* son la eliminación de nutrientes excesivos en forma de minerales y proteínas, como en el caso del pelo. Por ello, representan todo el estado de salud del cuerpo, y revelan claramente el estado cambiante de salud que se tuvo durante el periodo de crecimiento de la uña.

2. Distintas condiciones especiales de las manos, de las palmas y de los dedos

Utilizando las pautas generales que se acaban de describir, pueden entenderse las variaciones de constitución y condición del siguiente modo:

A) *Longitud de la palma.* Si la palma es más larga que los dedos, la constitución física está bien desarrollada y posee mayor fuerza, resistencia y perseverancia. Por otra parte, si los dedos tienen casi la misma longitud que la palma o, en algunos raros casos, es más larga, las capacidades mentales están más desarrolladas, aunque existe una tendencia hacia la debilidad física.

B) *Grosor de la palma*. Una palma gruesa representa una buena constitución nutrida por alimentos y bebidas bien equilibrados, e indican que existe el potencial para una vida sana, saludable y próspera. Una palma fina, producida por el desequilibrio de nutrición, representa una salud y vitalidad más débiles, con frecuentes luchas y dificultades.

C) *Anchura de la palma*. Una palma ancha es la consecuencia de un buen alimento equilibrado, que incluye cereales, judías y verduras, e indica fuerte vitalidad física y el potencial de una larga vida. Una palma estrecha, por otra parte, se produce por un exceso de consumo de azúcar y dulces, frutas y zumos, y otros alimentos yin, e indica una constitución más débil con un potencial de vida más corta.

D) *Palmas húmedas o secas*. Las palmas húmedas, desagradables al estrechar la mano, indican un exceso de consumo de líquidos, incluida toda clase de bebidas, leche, frutas, zumos, azúcar y dulces. Las funciones cardiaca y circulatoria, y las funciones de los riñones y excretoras, están trabajando demasiado debido a la condición de exceso de líquidos. Está produciéndose un cansancio general, físico y mental. Puede que al mismo tiempo haya un exceso de sudor y de olores corporales desagradables. A menudo esta condición viene acompañada por insomnio, trastornos emocionales, olvidos y un pensamiento confuso.

Sin embargo, las manos que están muy secas indican deshidratación, y la temperatura de las palmas es normalmente fría, a causa de la contracción de los tejidos, de las venas y de los capilares. El exceso de consumo de alimentos secos, de alimentos de origen animal y de sales, junto con la falta de fluidos, producen este estado. Física y mentalmente, indica rigidez e inflexibilidad. Aunque el pensamiento pueda ser agudo, existe con frecuencia una tendencia hacia la estrechez de miras, el prejuicio, los malentendidos y el fanatismo. Esta condición puede verse a veces incluso entre las personas que comen verduras y cereales, si los consumen con demasiada sal y muy poco líquido.

Un estado normal saludable incluirá una palma que esté ligeramente húmeda con una temperatura fría. El grado de humedad es muy sutil y casi no es detectable. En este estado, la palma tiene un color limpio y claro, y el metabolismo físico y las actividades mentales están bien coordinadas. La micción tiene lugar tres o cuatro veces por día, lo cual constituye una media saludable para una persona adulta.

E) *El color de la palma* debe ser limpio, claro y uniforme. Si la periferia de la palma se vuelve rojiza, indica que el corazón y las funciones circulatorias están hiperactivos, debido a un exceso de consumo de bebidas estimulantes, frutas y zumos, así como otros alimentos y bebidas yin. Si sobreviene un color púrpura, especialmente en la zona que se encuentra entre el meñique y la base de la palma, significa que existen trastornos en las funciones circulatoria y excretora. Si surge un color verde en esta zona, puede que se estén desarrollando tumores y cáncer en la región intestinal.

Si la palma se vuelve más amarilla de lo normal, existe una secreción excesiva de bilis, debida a trastornos del hígado, de la vesícula biliar, circulatorios y excretores, causados por el exceso de consumo de alimentos de origen animal, incluidos los huevos, los productos lácteos, aceites y grasas, y sal. Este estado puede ser producido en algunos casos por un exceso de consumo de algunas hortalizas de raíz como las zanahorias, o algunas hortalizas redondas como la calabaza o el calabacín.

F) *El color del envés de la mano* puede cambiar de rojo a púrpura, dependiendo de la temperatura del entorno. Sin embargo, si surgen estos colores bajo circunstancias anormales, ello indica trastornos en los sistemas circulatorio, excretor, digestivo y nervioso, debido a hábitos dietéticos desequilibrados, especialmente el exceso de consumo de alimentos yin, así como de sustancias químicas, drogas y medicamentos.

Si se utilizan repetidamente durante algún periodo, marihuana, hachís, LSD u otras drogas alucinógenas, así como medicamentos, su proceso de descarga cambia el color de la mano y de los dedos de rojo a púrpura, especialmente en el envés de la mano. El tiempo requerido para eliminar estas drogas y sustancias químicas del cuerpo puede ser estimado como sigue:

Zona en la que aparece el color rojo o púrpura	Tiempo requerido para la eliminación
Punta de los dedos.	Seis meses.
Punta y zona media de los dedos.	Un año.
Toda la longitud de los dedos.	Dos años.
Toda la mano, incluido el envés y la muñeca.	Cuatro años.

Mientras que se está llevando a cabo esta eliminación, el metabolismo físico y las funciones orgánicas son más lentas de lo normal, especialmente las funciones del corazón, los riñones y los órganos reproductores. Al mismo tiempo, el cerebro y las funciones nerviosas siguen siendo anómalas, mostrando a menudo hipersensibilidad, fanatismo, exceso de conceptualización, depresión, excitabilidad, inestabilidad, frustración, cólera interna, cobardía, timidez, y frecuentes cambios de decisión, así como poca confianza.

Este estado físico y mental surge en un grado menor si se consume en exceso azúcar y dulces, frutas y zumos, productos lácteos y productos a base de harina refinada, vitaminas y suplementos, y otros alimentos y bebidas yin.

G) *Cambio de color en la raíz del pulgar.* Si se produce un color rojo, azul o púrpura en la raíz del pulgar, entre el pulgar y la línea A, esto significa que las funciones digestivas sufren trastornos, especialmente en el intestino delgado y grueso, debido a un desequilibrio dietético (fig. 78). Si aparecen estos colores en el envés de la mano, entre la raíz del pulgar y el índice, es también una indicación de trastornos digestivos, especialmente en el intestino grueso. Un color verde en esta zona muestra el desarrollo de tumores o de cáncer en el colon: en el colon descendente, si se trata de la mano izquierda, y en el colon ascendente, si se trata de la mano derecha.

H) *La fuerza y la flexibilidad de las manos.* Dedos fuertes y gruesos y una buena estructura ósea indican una constitución física fuerte, especialmente en el sistema nervioso. Dedos largos y finos indican una naturaleza más mental y espiritual, con una orientación artística. Muchos músicos tienen ese tipo de dedos.

Fig. 78. Raíz del pulgar

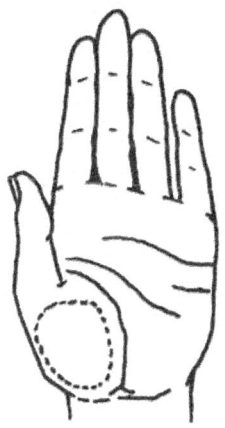

La flexibilidad de las articulaciones de las manos y de los dedos indican flexibilidad física y mental, mientras que si no hay flexibilidad indica una rigidez física y mental. Cuando la mano está totalmente estirada, si los dedos pueden curvarse hacia atrás, indican una mayor capacidad mental y espiritual (fig. 79). Por otra parte, si los dedos tienden a curvarse hacia delante cuando la mano está estirada, esto significa rigidez mental y fuerza física.

Fig. 79. Test de flexibilidad de las manos

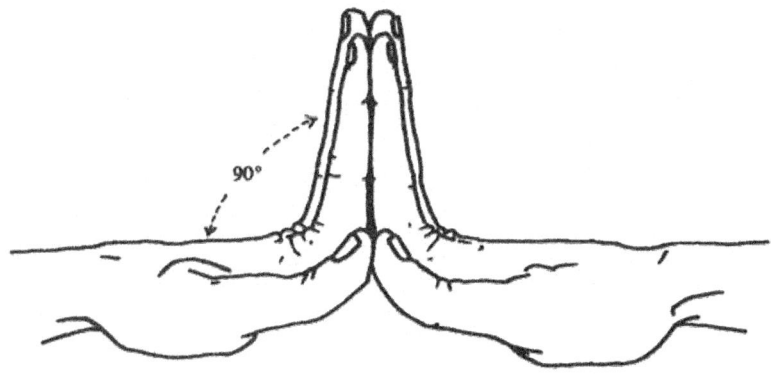

90°

La flexibilidad de las articulaciones de los dedos, de las manos y de las muñecas es importante para mantener una vida adaptable. Cuanto mayor es la flexibilidad, mayor es la capacidad que existe para adaptarse a las condiciones físicas y mentales del entorno. La pérdida de flexibilidad se debe al endurecimiento de los músculos, de las arterias y del sistema nervioso, producido por un exceso de consumo de alimentos de origen animal, especialmente ricos en proteínas, grasas saturadas y colesterol. Esta condición también se acelera por un exceso de comida en general y por una ingestión excesiva de sales y minerales.

Ponga las manos juntas; a continuación, con los cuatro dedos de las manos firmemente apretados, doble las manos hacia arriba en un ángulo de 90°. Si no puede hacerlo, esto significa inflexibilidad y una posibilidad de endurecimiento de las arterias, de los nervios y de los músculos.

I)   *Dedos palmeados.* Cuando los dedos están separados, aparecen membranas delgadas entre ellos en sus raíces (fig. 80). Si estas membranas son anormalmente anchas, esto quiere decir que la madre comió alimentos más yin durante la primera parte del embarazo, o sustancias químicas, drogas y medicamentos. Si las membranas son pe-

Fig. 80.   Dedos palmeados

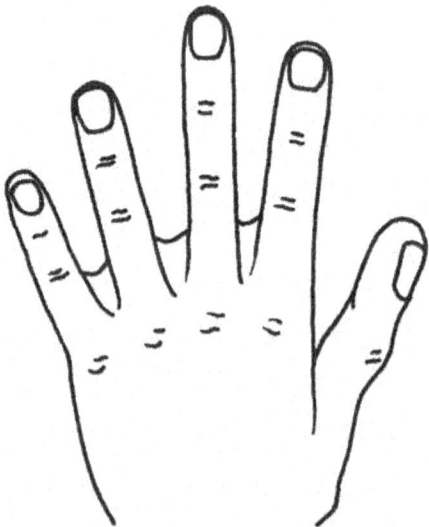

queñas, no tuvo lugar en ese periodo un exceso de consumo de alimentos yin. Las membranas anchas entre los dedos se están volviendo muy habituales entre los bebés de hoy día, y con frecuencia son operados quirúrgicamente después del nacimiento.

J) *El espacio entre los dedos*. Si los dedos se mantienen juntos y, vistos con la palma boca abajo, no hay espacio entre ellos, es una indicación de una alimentación bien equilibrada. Si hay espacios entre los dedos, es debido a ciertas deficiencias de nutrición, especialmente en la proporción entre hidratos de carbono, proteínas, grasas y minerales, y reflejan desequilibrios en la constitución física y mental en general (fig. 81). En consecuencia, se ha dicho tradicionalmente que si una persona tiene un espacio entre los dedos, es incapaz de conservar lo que recibe y, por ello, es un signo de infortunio.

K) *El color del centro de la palma*. El centro de la palma está ligeramente hendida (fig. 82). Si esta zona no tiene un color limpio y claro, y parece rígida y tensa con un ligero dolor cuando es presionada, existe un cansancio general físico y mental, producido por baja actividad de las funciones digestiva y circulatoria, causada por una dieta desequilibrada. Un cambio de color en esta zona refleja trastornos que surgen en determinados sistemas del cuerpo, tal como se describe a continuación:

Fig. 81. Espacio entre los dedos

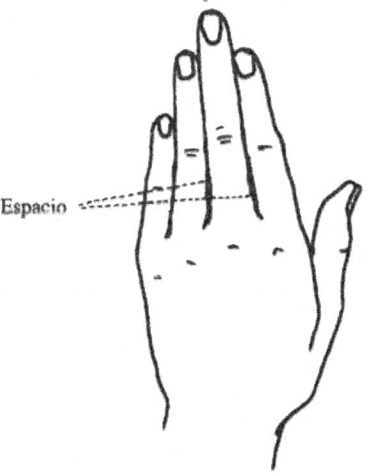

Espacio

Fig. 82.   Centro de la palma

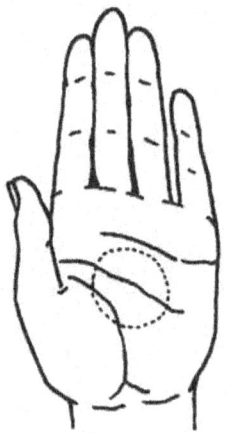

Color	Sistemas afectados
Rojo.	Circulatorio.
Púrpura.	Respiratorio y reproductor.
Oscuro.	Excretor.
Amarillo.	Funciones del hígado y de la vesícula biliar.

Este color cambia cuando surge en la base de la palma y en la muñeca por el lado interior de la mano, y pueden diagnosticarse las condiciones correspondientes de la misma forma que para el centro de la palma.

L)   *Hinchazón en la base de la palma.* Si presionamos a lo largo de la zona carnosa del hueso en la base de la palma, y surgen hinchazones en la articulación de la muñeca inmediatamente bajo la palma, pueden diagnosticarse los siguientes trastornos (véase fig. 83):

— La hinchazón que surge en el punto A, bajo la base del pulgar, indica trastornos de los pulmones de las funciones respiratorias, así como del intestino grueso y de sus funciones.
— La hinchazón en el punto B, bajo el centro de la mano, indica trastornos de las funciones circulatoria y reproductora.
— La hinchazón en el punto C, bajo la base del dedo meñique, indica trastornos de las funciones cardiaca y circulatoria, así como del intestino delgado y de sus funciones.

Fig. 83. Puntos en la base de la palma

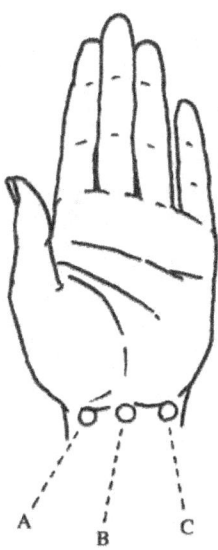

M) *Dedos curvos.* Cuando los dedos se estiran, en general deben de estar rectos y bien equilibrados. Si determinados dedos se curvan hacia dentro o hacia fuera de la mano, esto significa que determinados órganos y funciones del cuerpo tienden a estar hiperactivos o hipoactivos debido a desequilibrios dietéticos durante los periodos de embarazo e infancia (fig. 84). Como se describe posteriormente en *Psicodiagnosis oriental,* estos dedos corresponden a ciertas funciones del cuerpo según el flujo de los meridianos. Las correspondencias generales son las siguientes:

Dedo	*Órganos y funciones correspondientes*
Pulgar.	Los pulmones y sus funciones.
Índice.	El intestino grueso y sus funciones.
Dedo corazón.	Los tres chakras y las funciones respiratorias.
Anular.	Los tres chakras y la función de ajuste de la energía.
Meñique.	El corazón y el intestino delgado y sus funciones.

Si los dedos se curvan hacia el dedo corazón, esto indica una condición no armónica producida por el exceso de consumo de alimentos yang, incluidos los alimentos de origen animal, la comida muy cocina-

Fig. 84. Dedos que se curvan

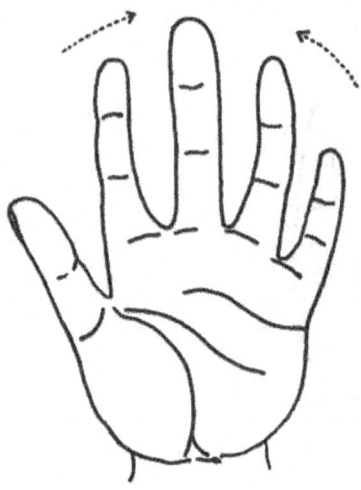
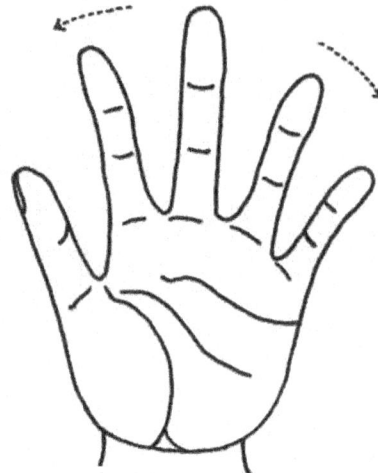

Dedos que se curvan hacia dentro.   Dedos que se curvan hacia fuera.

da y demasiado salada. Si se curvan en dirección contraria al dedo corazón, la causa es el exceso de consumo de alimentos yin, incluido el azúcar y los dulces, las frutas y los zumos, y las verduras crudas —especialmente de origen tropical—, las bebidas, el alcohol, las sustancias químicas y las drogas.

N) *La longitud y la altura de los dedos.* Si los dedos son rectos en toda su extensión, bajo condiciones equilibradas normales, el dedo más largo es el dedo corazón; el segundo, el dedo índice; el tercero, el dedo anular, y el cuarto, el pulgar y el meñique. En altura —su longitud aparente cuando se ven juntos en la mano—, el más alto debe ser el dedo corazón; el siguiente, el índice y el anular; el siguiente, el meñique; por último, el pulgar. La altura del dedo anular debe estar entre el dedo corazón y el pulgar.

Sin embargo, las diferentes constituciones físicas producen diferentes longitudes y alturas. Si el dedo índice aparece más alto que el anular, está indicando debilidad del intestino grueso. Si el anular parece más alto que el índice, y se aproxima a la altura del dedo corazón, indica la posibilidad de trastornos cardiacos, estomacales o del intestino delgado. Si el meñique parece más alto que el punto medio entre la altura del dedo corazón y del pulgar, indica que pueden producirse trastornos crónicos en el corazón y en el intestino delgado.

3. *Forma de la punta de los dedos*

Las puntas de los dedos tienen diferentes formas, dependiendo de las diferencias de constitución. Éstas son las pautas generales (fig. 85):

A) *Las puntas de los dedos cuadrados* indican que los padres eran personas físicamente fuertes y trabajadoras, y que la madre consumió alimentos de origen animal más yang con menos verduras durante el embarazo. Esta punta cuadrada del dedo indica un carácter físicamente activo, determinado, teórico y agresivo.

B) *Las puntas redondas de los dedos* indican que los padres eran sanos, y que la madre comió principalmente durante el embarazo cereales y verduras bien cocinados, principalmente yang, y menos alimentos de origen animal. Indican una personalidad alegre, activa, enérgica y positiva, comprensiva y simpática.

C) *Las puntas de los dedos estrechas y puntiagudas* indican que la madre comió durante el embarazo alimentos de origen vegetal menos cocinados, incluidas frutas, dulces y otros alimentos yin, y que también éstos fueron comidos durante la infancia y el periodo de crecimiento. Indican una tendencia física a ser más débil, y una tendencia a ser mentalmente más sensible y delicado, con un carácter estético y artístico, interesado en las artes y en los problemas metafísicos.

Fig. 85. Formas de las puntas de los dedos

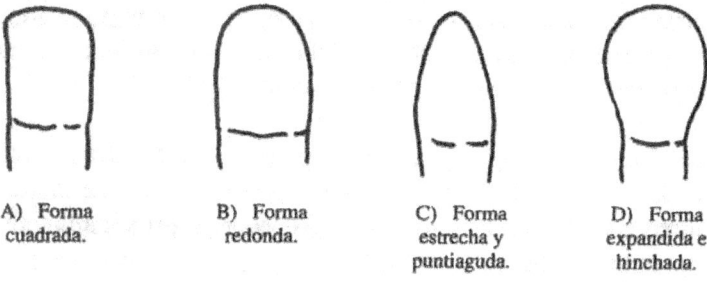

A) Forma
cuadrada.

B) Forma
redonda.

C) Forma
estrecha y
puntiaguda.

D) Forma
expandida e
hinchada.

D) *Las puntas de los dedos expandidas e hinchadas* indican el consumo de alimentos de origen animal yang, con otros yin como el azúcar, las frutas, los zumos y los dulces, teniendo como consecuencia un carácter ofensivo, agresivo, egoísta y crítico. Si el pulgar tiene esta forma, parecida a una serpiente venenosa, indica que el padre tenía una personalidad muy primitiva y agresiva.

4. *Condiciones especiales de las puntas de los dedos*

Puesto que las puntas de los dedos constituyen un punto de descarga del exceso de energía a través de la piel y de los meridianos, su condición cambia a menudo, mostrando cambios en el estado interno del cuerpo:

A) *Las puntas de los dedos partidas y divididas* indican que el exceso de alimentos yin están empezando a ser descargados activamente, entre ellos el azúcar y los dulces, las frutas y los zumos, los refrescos, las sustancias químicas, las drogas y los medicamentos. Las funciones internas sufren trastornos, entre ellos, de las funciones circulatoria, excretora y reproductora. Con frecuencia aparece en este estado debilidad sexual, impotencia y frigidez.

B) *La piel blanca y grasa* en la punta de los dedos indica una acumulación de grasa tanto de origen animal como vegetal, especialmente un consumo excesivo de productos lácteos. Los sistemas digestivo y linfático padecen frecuentemente trastornos, y los riñones y el hígado pueden estar formando quistes o tumores. También puede haber una acumulación de mucosidad y grasa en los pulmones.

C) *Las puntas de los dedos color rojo o púrpura* son producidas por un exceso de consumo de alimentos yin. Las funciones pulmonar y respiratoria, así como las funciones cardiaca y circulatoria son anómalas. Se está produciendo hipersensibilidad, nerviosismo, irritabilidad y depresión, así como cambios de mente.

D) *Una piel dura y escamosa* en la punta de los dedos indica el exceso de consumo de productos lácteos y otras grasas de origen animal, junto con el exceso de proteínas procedentes principalmente también de animales. Se produce también un endurecimiento de las arterias y de los músculos, junto con una rigidez tanto corporal como mental. El exceso de consumo de huevos puede también producir este estado.

E) *Una piel suave que se pela* en la punta de los dedos es la consecuencia de un exceso de consumo de líquidos y de azúcar, incluida toda clase de bebidas, frutas y zumos, alcohol, así como drogas y medicamentos. Las funciones cardiaca y circulatoria, y las funciones de los riñones y excretora, no están ahora hiperactivas. Desde el punto de vista mental, se presenta una hipersensibilidad e irritabilidad emocional.

Las uñas

Como en el caso de todas las partes periféricas del cuerpo, las uñas constituyen una forma de eliminación de exceso de alimento, especialmente minerales, proteínas y grasas. Mientras continúe la alimentación, continúa también el crecimiento de las uñas. Por ello, éstas indican el estado físico y mental durante el periodo de crecimiento, incluyendo el estado actual de una persona. Las pautas para el diagnóstico son las siguientes:

1. El color de las uñas

Al igual que el color de los labios, el color de las uñas indica la calidad de la sangre. Existen diversos tipos de color que cambian diariamente según los cambios del estado físico, debido a los cambios de dieta, de actividad y de otras influencias cotidianas.

A) *Las uñas rojas y rosadas* indican un estado saludable de la sangre y, generalmente, un estado físico y mental sano y equilibrado. Si una persona que ha padecido una enfermedad crónica se le empieza a manifestar este color en las uñas, a causa de incrementos dietéticos, ello indica que su estado de salud está mejorando.

B) *Las uñas púrpuras-rojizas* indican una condición anormal sanguínea, producida por el exceso de consumo de alimentos yin, incluidos los productos lácteos, el azúcar y otros dulces, frutas y zumos, grasas y aceites, sustancias químicas y drogas, así como bebidas estimulantes. Las funciones digestiva, circulatoria y excretora son anómalas, con insomnio, estreñimiento, diarrea, cansancio, depresión y muchos otros trastornos físicos y mentales.

C) *Las uñas de color rojo oscuro* indican un alto contenido de ácidos grasos, colesterol y/o minerales en la sangre, debido al exceso de consumo de alimentos de origen animal, incluida la carne, la volatería, los huevos y los productos lácteos, junto con sal. El corazón y las funciones circulatoria y excretora de los riñones están sobrecargadas, y existe hipoactividad del hígado, la vesícula biliar y, con frecuencia, del bazo. A menudo también se produce un endurecimiento de las arterias y de los músculos, y del aumento de la inflexibilidad mental.

D) *Las uñas blancuzcas* indican una circulación sanguínea hipoactiva, y un nivel bajo de hemoglobina —en general, anemia—. Este estado es producido por un desequilibrio dietético, que incluye un exceso de consumo de harina refinada, frutas, zumos, azúcar y otros dulces. Sin embargo, el exceso de consumo de sal, alimentos deshidratados y alimentos de origen animal, o falta de líquido, puede producir un estado similar, a través de la restricción de los vasos y de los capilares sanguíneos. Puede que se esté produciendo la acumulación de grasa y de mucosidad dentro y alrededor del corazón, del hígado, del páncreas, de la próstata y de los ovarios. La leucemia y otras formas de cáncer frecuentemente se manifiestan a través de este color en las uñas. Las personas que tienen una salud normal no deben tener este color blanquecino en las uñas, aunque fácilmente aparece cuando los dedos se estiran, especialmente el pulgar y el índice.

2. La distintas formas de las uñas

Las diferentes formas de uñas son producidas por diferencias dietéticas a lo largo de muchos años, que provocan diferencias de constitución. Las pautas generales del diagnóstico son las siguientes (fig. 86):

A) *Las uñas rechonchas y cuadradas* indican una constitución más yang, derivada de una dieta de alimentos de origen animal y de verduras y cereales, junto con sal. Existe una tendencia a ser físicamente activo, pero mentalmente inflexible.

Fig. 86. Formas de las uñas

  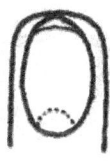 

A) Uña rechoncha cuadrada.   B) Uña oblonga.   C) Uña ovalada.   D) Uña alargada.

B) *Las uñas oblongas* provienen de una dieta de cereales y verduras yang, con poca sal y alimentos de origen animal. En alguna medida también contribuyen a ellas las ensaladas, las frutas y los zumos. La constitución es mental y físicamente más equilibrada, pero con algo de tendencia a la rigidez.

C) *Las uñas ovaladas* son producidas por alimentos de origen vegetal, incluidas las verduras ligeramente cocinadas, con frutas y zumos ocasionales. A ellas pueden contribuir en alguna medida los huevos y los productos lácteos. La constitución es físicamente más débil, pero mentalmente más activa con algo de sensibilidad emocional.

D) *Las uñas alargadas* provienen de una dieta que tiende más hacia verduras poco cocinadas o crudas, con frutas y zumos, azúcar y dulces, y otros alimentos yin. La constitución física es débil, especialmente los sistemas digestivo y respiratorio, y la mentalidad es hipersensible.

3. Condiciones especiales de las uñas

A) *Dureza y grosor*. Las uñas más duras y gruesas derivan de un exceso de consumo de alimentos ricos en proteínas y grasas, tanto de origen animal como vegetal, e indican una fuerza y vitalidad física y mental. Por otra parte, las uñas más blandas y delgadas derivan de alimentos de origen más vegetal, con bebidas estimulantes como el café y el alcohol. El azúcar y los dulces, así como otros alimentos y bebidas yin, también contribuyen a ellas. Existe una tendencia a ser físicamente flexible y débil, pero mentalmente activo, con una tendencia estética.

Fig. 87. Diversas condiciones de las uñas

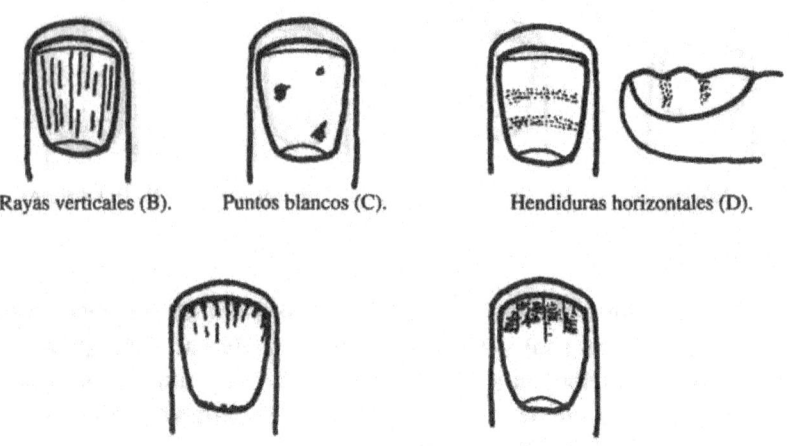

Rayas verticales (B).   Puntos blancos (C).   Hendiduras horizontales (D).

Uñas partidas (E).   Uñas que se pelan (F).

B) *Las rayas verticales* en las uñas son el resultado de una nutrición desequilibrada: exceso de consumo de hidratos de carbono y de sal y carencia de proteínas y grasas apropiadas. Las funciones digestivas, del hígado y de los riñones pueden estar hipoactivas, y suele manifestarse un cansancio general.

C) *Los puntos blancos* en las uñas indican la eliminación de azúcares, incluyendo el azúcar de caña, la miel, los siropes, la fructosa, los azúcares de la leche, el alcohol, el chocolate y otros azúcares. La localización del punto en la uña indica la fecha aproximada en que se consumieron los azúcares. Normalmente, la uña de un adulto crece en un periodo de seis a nueve meses. Si toda la uña creció durante un periodo de seis meses, y el punto blanco aparece en medio de la uña, la mayor cantidad de azúcar se comió hace tres meses. Si el punto está localizado un tercio más arriba de la raíz de la uña, el consumo de azúcar sucedió hace dos meses.

D) *Las hendiduras horizontales* de las uñas indican cambios de dieta. La persona puede haberse trasladado a una zona climatológica diferente, en la que la dieta padeció un cambio natural o, si permaneció en el mismo lugar, hizo un cambio significativo de hábitos dietéticos. Por ejemplo, si aparece una hendidura horizontal a un tercio de distancia de la punta de la uña, el cambio dietético tuvo lugar hace cuatro meses, si toda la uña ha crecido durante seis meses. Si existe otra hendidura a un tercio de distancia de la base de la uña, dichos cambios tuvieron lugar dos veces: hace dos meses y hace cuatro meses.

E) *Uñas partidas.* Si el final de las uñas están partidas o son desiguales, esto indica una práctica dietética caótica y especialmente un exceso de consumo de alimentos y bebidas yin. Esta condición indica que los sistemas circulatorio, reproductor y nervioso padecen trastornos, especialmente las funciones de los testículos y de los ovarios, y que las reacciones nerviosas son anómalas. Si es la uña de un pulgar la que presenta esta condición y la otra es normal, ello indica que los testículos o los ovarios correspondientes del lado anómalo no están funcionando bien.

F) *Uñas que se pelan.* Las uñas que se pelan tienen la misma causa que el desprendimiento de la retina, puesto que las capas firmemente unidas de las uñas han empezado a despegarse. Este estado es producido por el exceso de consumo de frutas, zumos y gaseosas, vitaminas, productos químicos, drogas y medicamentos, que privan al cuerpo de minerales, produciendo un desequilibrio nutricional. Están empezando a surgir trastornos como indigestión, formación de gases, cansancio, irregularidad menstrual, debilidad sexual, depresión, nerviosismo, insomnio, etcétera.

G) *Las lunas blancas* en la base de las uñas son diferentes según el estado de salud de cada persona. Un metabolismo activo que incluya actividad y cambio en el crecimiento físico y mental presenta una luna blanca, mientras que un lento metabolismo presenta lunas más pequeñas o ausencia de lunas. En consecuencia, durante la infancia y la juventud, todo el mundo tiene habitualmente lunas, pero esto varía durante la etapa adulta, y las lunas desaparecen generalmente durante la vejez.

Una persona físicamente activa, pero mentalmente menos activa, tiende a tener lunas más grandes, mientras que una persona físicamente inactiva, pero mentalmente activa, tiende a tener lunas más pequeñas. Sin embargo, las lunas muy grandes indican condiciones anormales, como hipersensibilidad y debilidad física, debido a un exceso de consumo de alimentos y bebidas yin.

7. Los pies

Siendo una de las partes periféricas principales del cuerpo, los pies y los dedos de los pies, al igual que las manos y los dedos de las manos, representan toda la constitución y el estado de salud física y mental, y corresponden a diversas partes de los principales órganos y sus funciones. Las condiciones específicas de los pies y de los dedos de los pies revelan determinadas condiciones de los órganos, sus sistemas y sus funciones, así como las tendencias mentales que se asocian a dichas condiciones.

Las manos tienen una forma más esparcida, y corresponden más a las zonas inferiores del cuerpo, entre las que se incluyen los pulmones, el corazón, el intestino delgado y el intestino grueso. Por otra parte, los pies, que tienen una forma más compacta, representan más a los órganos localizados en la región media del cuerpo, incluido el hígado y la vesícula biliar, el bazo, el estómago, el páncreas, los riñones y la vejiga. Además, puede decirse que los brazos y las manos representan la relación horizontal entre la parte central del cuerpo y la periferia, mientras que las piernas y los pies representan la relación vertical.

1. Características generales de los pies

A) *Tamaño*. El tamaño de los pies varía de una persona a otra. El tamaño de los pies, incluyendo la longitud y la anchura, es generalmente proporcional al tamaño de todo el cuerpo, pero existen diferencias proporcionales debidas a la constitución individual. Los pies más grandes indican que los órganos de la región media del cuerpo, como el hígado, la vesícula biliar, el bazo, el páncreas, el estómago y los riñones están sanos y activos. Los pies más pequeños muestran que los órganos de las partes superior e inferior del cuerpo están más sanos y activos, incluyendo los pulmones y el intestino grueso, el corazón y el intestino delgado. En general, quienes tienen pies más grandes tienen más tendencia hacia lo mental, y también una mejor comprensión intelectual y estética, mientras que quienes tienen pies más pequeños poseen una mejor vitalidad física y tolerancia.

B) *Altura*. Si el empeine es más alto, indica una naturaleza físicamente más activa, debido, comparativamente, al consumo de más proteínas y minerales. Si el empeine es más bajo y plano, indica una naturaleza mentalmente más activa, producida por el consumo de más hidratos de carbono y líquidos. El pie de una persona más alto será generalmente también más estrecho, mientras que el pie más bajo será generalmente más ancho.

C) *Los arcos del pie.* Los arcos más pronunciados se deben a músculos más contraídos, que permiten un funcionamiento más activo del pie. Esta condición es producida por un consumo comparativamente bajo de líquido, frutas, zumos y otros alimentos yin; los arcos más bajos son debidos a músculos y tejidos más flojos, e indican una tendencia a ser más activo mental que físicamente, en especial en la comprensión estética, artística y religiosa. También indican normalmente un alto consumo de los alimentos yin que se acaban de mencionar. Los arcos pronunciados son esenciales para los atletas, deportistas, bailarines y otras profesiones físicamente activas, mientras que los arcos menos pronunciados son más comunes entre los pensadores, los escritores, los músicos y artistas, así como entre las personas religiosas.

D) *Flexibilidad de las articulaciones.* Las articulaciones de los tobillos y de los dedos de los pies deben ser flexibles y poder moverse libremente en todas las direcciones. Sin embargo, muchas personas están perdiendo actualmente esta flexibilidad, debido al endurecimiento de las arterias, de los músculos y de las articulaciones, por un exceso de consumo de alimentos altos en colesterol y grasas saturadas. Las

Fig. 88. El pie

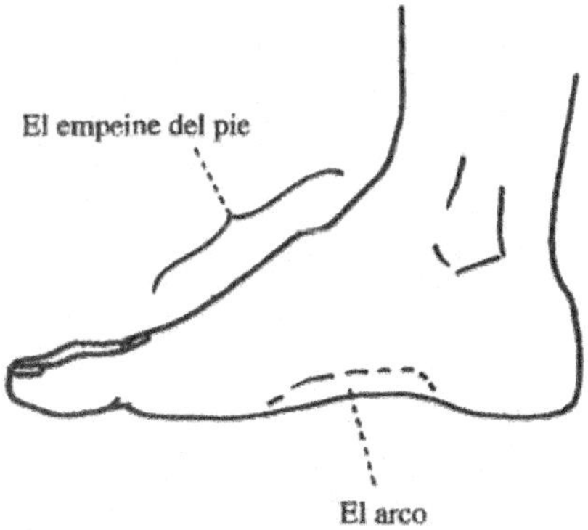

El empeine del pie

El arco

proteínas animales tratadas con sal también producen esta falta de flexibilidad. La flexibilidad de los pies y de los dedos de los pies indican
no sólo ligereza y movilidad física, sino también adaptabilidad mental.
Cuando disminuye dicha flexibilidad, todo el estilo de vida se vuelve
más rígido y menos adaptable al entorno natural y social constantemente cambiante.

E) *Anchura del pie.* Si la anchura del pie en el metatarso es más
estrecho de lo normal —aproximadamente un tercio de la longitud del
pie o menos—, es debido al consumo de más alimentos yang, incluidos alimentos tanto de origen animal como vegetal, con menos líquido, lo que denota una naturaleza más activa desde el punto de vista físico y más aguda desde el punto de vista mental (fig. 89). Si la anchura es mayor de un tercio de la longitud del pie, se debe al consumo de
más alimentos de origen vegetal, y de alimentos yin, incluida la ensalada, las frutas y los líquidos. En este caso, existe menos actividad física y más comprensión estética y metafísica.

F) *El metatarso protuberante del pie.* A veces se desarrolla una
protuberancia anormal y dura en el metatarso (fig. 90). Ésta puede haberse empezado a desarrollar poco después del nacimiento, o siendo
ya adulto. Esta protuberancia se ha llamado tradicionalmente un «sig-

Fig. 89. Anchura y longitud del pie

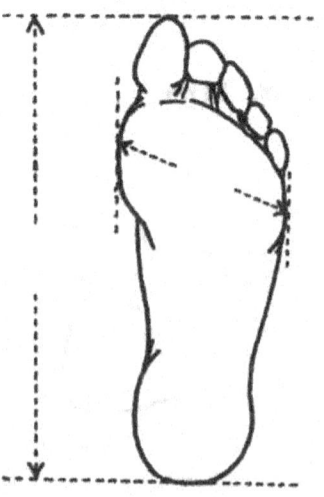

La proporción entre la anchura (A) y
la longitud (B) del pie es normalmente de 1:3.

Fig. 90. Metatarso protuberante del pie

no de la viuda», o «signo de quedarse solo en la vejez». Esta condición indica dureza en la región media del cuerpo, en la zona del hígado, estómago, páncreas o bazo, debido a una dieta unilateral: por ejemplo, hidratos de carbono y sal, proteínas y sal, grasas y sal; o al exceso de consumo de sales o minerales. Indica rigidez física, especialmente en la región media del cuerpo, y rigidez mental con una tendencia a que la persona sea dominante, crítica, llena de prejuicios y celosa. Aunque quienes tienen este tipo de pie son más activos en la vida social, estas características mentales conducen con frecuencia a la separación de la familia y de los amigos.

G) *Pies vueltos hacia fuera o hacia dentro.* Si los pies se vuelven hacia fuera al caminar, se debe a una constricción en la base de la columna vertebral, causada por un exceso de consumo de alimentos de origen animal, e indica un carácter más agresivo, progresista y extravertido, tanto desde el punto de vista físico como mental. En las mujeres, puede indicar una retroversión del útero. Por otra parte, si los pies se giran hacia dentro al caminar, la zona de la base de la columna vertebral está más abierta, debido a más consumo de alimentos de origen vegetal, e indica un carácter más amable, conservador e introspectivo, tanto física como mentalmente.

Entre los occidentales, los pies que se vuelven hacia fuera son más comunes, mientras que existen más personas en los países orientales con los pies girados hacia dentro. Además, los pies que se vuelven hacia fuera se han hecho más comunes en la actualidad, mientras que los pies que se giran hacia dentro se ven con más frecuencia en las viejas generaciones. Si los hombres tienen buena salud y siguen prácticas dietéticas sanas, deben tener los pies rectos o ligeramente vueltos hacia fuera, y las mujeres deben tener los pies rectos o ligeramente girados hacia dentro.

2. El color de los pies

Los pies deben tener el mismo color limpio y claro que las demás partes del cuerpo. Los colores anómalos indican determinados trastornos:

A) *Rojo*. Un color rojo generalmente surge en la zona periférica del pie: los dedos, los lados o el empeine. Se debe a la dilatación de los capilares sanguíneos en estas zonas, causada principalmente por el exceso de consumo de líquidos y de otros alimentos yin, incluidos el azúcar y los dulces, las frutas y los zumos, las gaseosas y los productos químicos, las drogas y los medicamentos. Indica que el sistema cardíaco y circulatorio están hiperactivos, con una aceleración del pulso y del ritmo respiratorio, junto con la hiperactividad de las funciones de los riñones y excretoria, incluyendo a menudo una micción frecuente. En el aspecto mental, suele producirse una pérdida de claridad de pensamiento y un cansancio general.

B) *Púrpura*. También aparece un color púrpura en las zonas periféricas del pie, y es producido por el exceso de consumo de alimentos muy yin, incluido el azúcar y los dulces, las frutas y los zumos, y posiblemente más sustancias químicas, drogas y medicamentos. Todas las funciones de los órganos principales padecen trastornos, especialmente las funciones circulatoria, excretora y reproductora.

C) *Otros colores* como el amarillo, el verde oscuro y el blanco pueden aparecer de vez en cuando en raras ocasiones, especialmente en las zonas periféricas de los pies. Estos colores indican que determinados órganos y sus funciones tienen un funcionamiento anormal. Por ejemplo:

Color   *Estado de salud y causa*

Amarillo.   Trastornos del hígado y de la vesícula biliar, debidos al exceso de consumo de carne, volatería, huevos y grasas, tanto de origen animal como vegetal.

Oscuro.   Hipoactividad de los riñones y de las funciones excretoras, debido al exceso de consumo de alimentos de origen animal, sal, productos farináceos cocidos, comida muy cocinada y otros alimentos y bebidas yang.

Verde.   Las funciones del bazo y linfáticas, así como la circulación de la sangre son anómalas debido al exceso de consumo de alimentos que producen grasas y mucosidad, como carne grasienta, huevos, productos lácteos, azúcar, harina refinada blanca y otros alimentos. Este color puede indicar la formación de quistes, tumores y cáncer.

Blanco.   Las funciones cardiacas y circulatorias, así como las del intestino y digestivas, están hipoactivas debido a la constricción del corazón, de los vasos y capilares sanguíneos. Ello se debe al exceso de consumo de grasa de origen animal, sales y otros alimentos y bebidas yang. La anemia general o la anemia de la región intestinal puede también producir este color.

3. Los dedos de los pies

Los dedos de los pies están formados por los meridianos y, por ello, cada dedo y la zona inmediatamente que parte de él representa determinados órganos principales y sus funciones (véase fig. 91).

Dedo del pie y zona limítrofe	*Órganos y funciones*
El dedo gordo.	El bazo, páncreas e hígado (A: Bazo y páncreas, B: Hígado).
El segundo y tercer dedo.	
El cuarto dedo.	El estómago (C).
El quinto dedo.	La vesícula biliar (D).
	La vejiga (E).
En la planta del pie, la parte central de la zona de la base de los pies.	Los riñones (F).

Fig. 91. Zona de los pies en correlación con las zonas del cuerpo

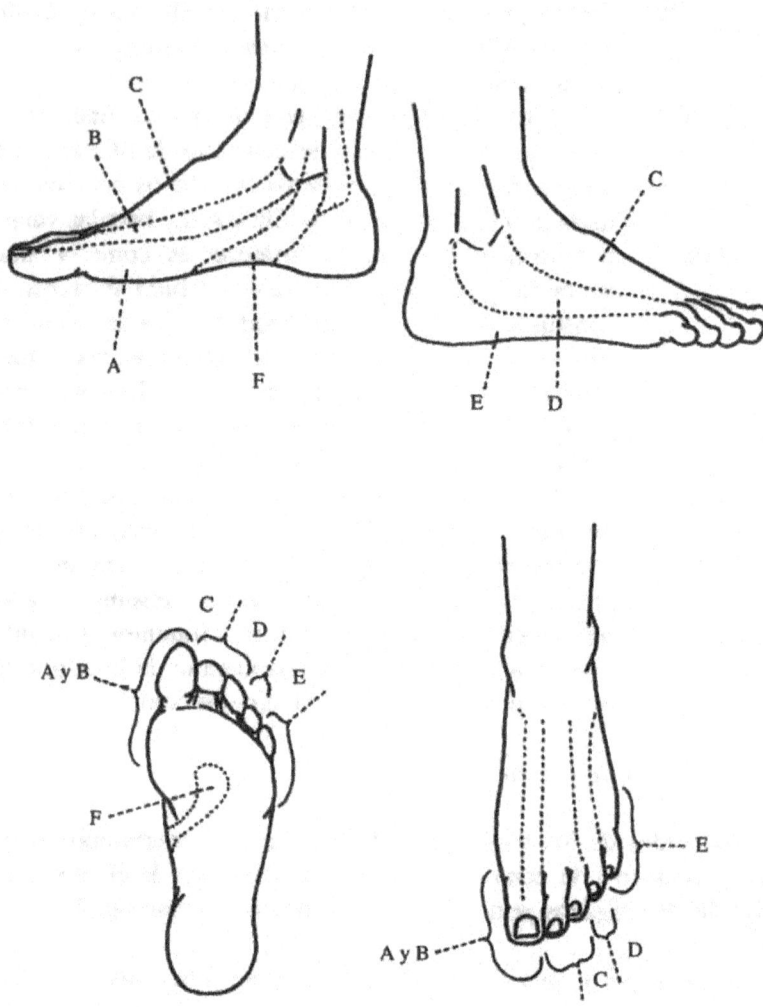

Estas correlaciones también se aplican a la zona que se extiende inmediatamente a partir de cada dedo o punta del dedo, como queda ilustrado en la fugura 91.

Consecuentemente, las condiciones anómalas que aparecen en determinados dedos y las zonas conectadas con ellos indican trastornos en determinado órgano y sus funciones. Por ejemplo:

A) *Las durezas en las puntas de los dedos de los pies* constituyen una indicación de que los órganos correspondientes y sus funciones están estancados, posiblemente debido a un exceso de consumo de comida y bebida, así como a un posible desequilibrio de las cantidades de minerales, proteínas, grasas, hidratos de carbono o vitaminas consumidas.

B) *Los callos* indican la eliminación de excesiva grasa y mucosidad, producida por el exceso de consumo de alimentos en general o por un desequilibrio nutricional (fig. 92). Esta eliminación surge de un mal funcionamiento del órgano a lo largo de su meridiano. Por ejemplo, si aparece un callo en el cuarto dedo del pie, existe una anomalía en la vesícula biliar, y sus funciones, debido al exceso de consumo de productos lácteos y otras grasas tanto de origen animal como vegetal. Si surgen callos en la planta del pie en la zona central de la base de los dedos, produciendo dolor al andar, ello indica una eliminación de los riñones a través de su meridiano. En este caso, ha habido un exceso de consumo de alimentos, como productos farináceos, grasas y aceites, azúcar y dulces, tanto de origen animal como vegetal.

C) *Los colores anómalos* que aparecen en los dedos de los pies o en sus zonas adyacentes indican que los órganos correspondientes y

Fig. 92. Callos en los pies

funciones están hiperactivos, habitualmente debido a un exceso de consumo de productos y bebidas yin (fig. 93).

Si aparece un color verde en la zona interna del pie debajo del astrálago, en el bazo y en el sistema linfático puede estar desarrollándose un estado canceroso. Igualmente, si aparece un color verde en el quinto dedo del pie y en su zona adyacente por la parte externa del pie, debajo del calcáneo, indica que puede estarse desarrollando un estado canceroso en el útero, en los ovarios o en la próstata. Si aparece un color verde en la parte superior del pie en la zona adyacente del segundo y tercer dedo, puede estarse desarrollando un cáncer en el estómago. Y el hígado y la vesícula biliar pueden desarrollar un cáncer si aparece un color verde en el cuarto dedo y en su zona adyacente, a partir del cuarto dedo hasta la parte frontal del pie debajo del calcáneo.

D) *Dos puntos de diagnóstico.* Pueden utilizarse para el diagnóstico de los órganos internos dos puntos formados por las articulaciones de los huesos que se extienden por encima de los dedos: (1) el punto hendido del pequeño valle formado por la articulación de los huesos que se extienden hacia arriba a partir del primero y segundo dedo del pie, y (2) desde el cuarto y quinto dedo (fig. 94). Si se siente el dolor

Fig. 93. Ejemplos de cambios de color en algunos casos de cáncer

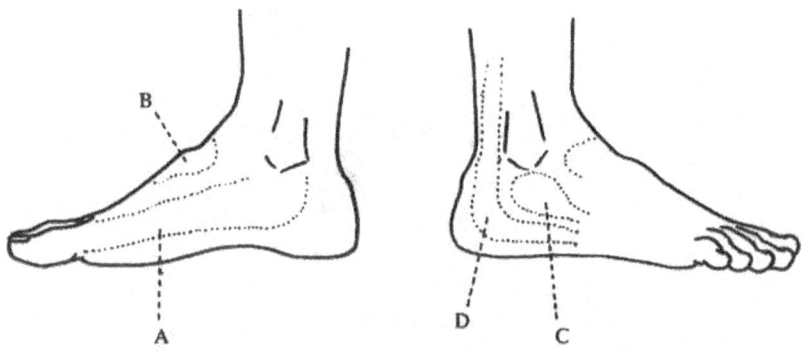

Surge una coloración verde en la zona correspondiente a la localización o clase de cáncer:

A) Cáncer de bazo, páncreas y linfa, así como la enfermedad de Hodgkin.
B) Cáncer en la zona del estómago.
C) Cáncer en la zona de la vesícula biliar.
D) Cáncer en las zonas de la vejiga, el útero, los ovarios y la próstata.

Fig. 94. Dos puntos de diagnóstico en el pie

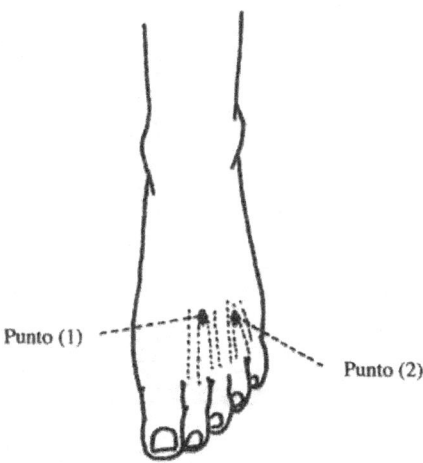

Punto (1)

Punto (2)

cuando se presiona el punto (1), ello indica un trastorno temporal en el estómago y en el hígado, debido a un exceso de comida y de bebida. También indica un cansancio general físico y mental. Si se siente el dolor cuando se presiona el punto (2), indica que la vesícula biliar y la vejiga y sus funciones padecen trastornos, debido al exceso de consumo de alimentos y bebidas, especialmente de sal y grasa. Existe una tendencia hacia un cansancio y adormecimiento generales. Puede también indicar una contracción de la vesícula biliar, y la formación de quistes o piedras en la vesícula biliar.

E) *La longitud de los dedos de los pies.* Desde el dedo gordo del pie al quinto dedo, la longitud de los dedos normalmente va disminuyendo. Sin embargo, en muchas personas, el segundo y/o tercer dedo son más largos que el dedo gordo (fig. 95). Esto se debe a hábitos dietéticos durante el periodo embriónico, que ha producido debilidad en el estómago y sus funciones. En este caso, existen posibles trastornos estomacales, que incluyen la gastritis, las úlceras, el cáncer y otras enfermedades.

F) *Dedos de los pies curvados.* Si el dedo gordo se curva anormalmente hacia el segundo dedo, esto indica que el bazo y las funciones linfáticas están hiperactivas, mientras que las funciones del hígado

Fig. 95. Longitud de los dedos de los pies

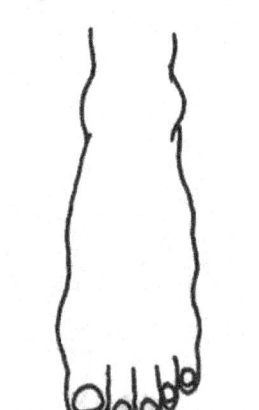

El segundo y el tercer dedo
más largos que el dedo gordo
indica debilidad en el
estómago.

están hipoactivas, debido al consumo de excesivas grasas y aceites, tanto de origen animal como vegetal, y en general al consumo de más alimentos y bebidas yin. Si el quinto dedo se curva anormalmente hacia el cuarto dedo, esto indica una hiperactividad de los riñones, de la vejiga y de sus funciones excretoras, causadas por el exceso de consumo de alimentos y bebidas yin, lo que incluye toda clase de bebidas, frutas, zumos, azúcar y dulces.

G) *Las uñas de los dedos de los pies.* Bajo condiciones normales, las uñas de los dedos de los pies deben ser más duras que las uñas de los dedos de las manos. La condición de las uñas de los dedos de los pies, incluyendo su color, varía según la condición de cada persona:

1.   *El color normal de las uñas de los dedos de los pies* es rosa, y ligeramente más oscuro que el de las uñas de los dedos de las manos. La superficie de las uñas de los dedos de los pies debe ser lisa, lo que indica un equilibrio de nutrición y una actividad sana.
2.   *Los colores más oscuros en las uñas de los dedos de los pies*, incluyendo el azul y el púrpura oscuros, indican un desequilibrio

Fig. 96. Dedos curvados

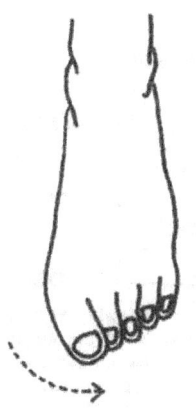  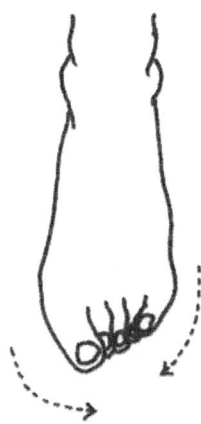

Dedo gordo que se curva
hacia dentro.

Quinto dedo que se curva
hacia dentro.

Todos los dedos curvados
hacia dentro.

de nutrición, debido al exceso de consumo de alimentos yang de origen animal, o alimentos yin, como frutas y azúcar, o ambos.

3. *El color blanco y las superficies rugosas* aparecen a menudo en las uñas de los dedos de los pies, especialmente en el cuarta y quinta uña. Esta condición es producida por el exceso de consumo de líquidos y, a veces, grasa, y también de toda clase de bebidas, fruta, zumo de frutas, productos lácteos, y grasas y aceites tanto de origen animal como vegetal. También indican trastornos del hígado y de la vesícula biliar, así como de los riñones y del sistema excretor.

4. *Las plantas de los pies*

Las plantas de los pies corresponden a todo el cuerpo, y cada zona de la planta corresponde a una determinada parte del cuerpo. Fisioterapias como el masaje de pies, la reflexología y la moxibustión utilizan esta correlación para liberar el estancamiento de diversos órganos y sistemas. La figura 97 muestra la correlación entre la planta del pie y determinadas zonas del cuerpo relacionadas con ella.

Cuando determinadas zonas de la planta del pie presentan un endurecimiento, una tensión y un dolor al ser presionados, todos estos

Fig. 97. Zonas de la planta del pie que corresponden a zonas del cuerpo

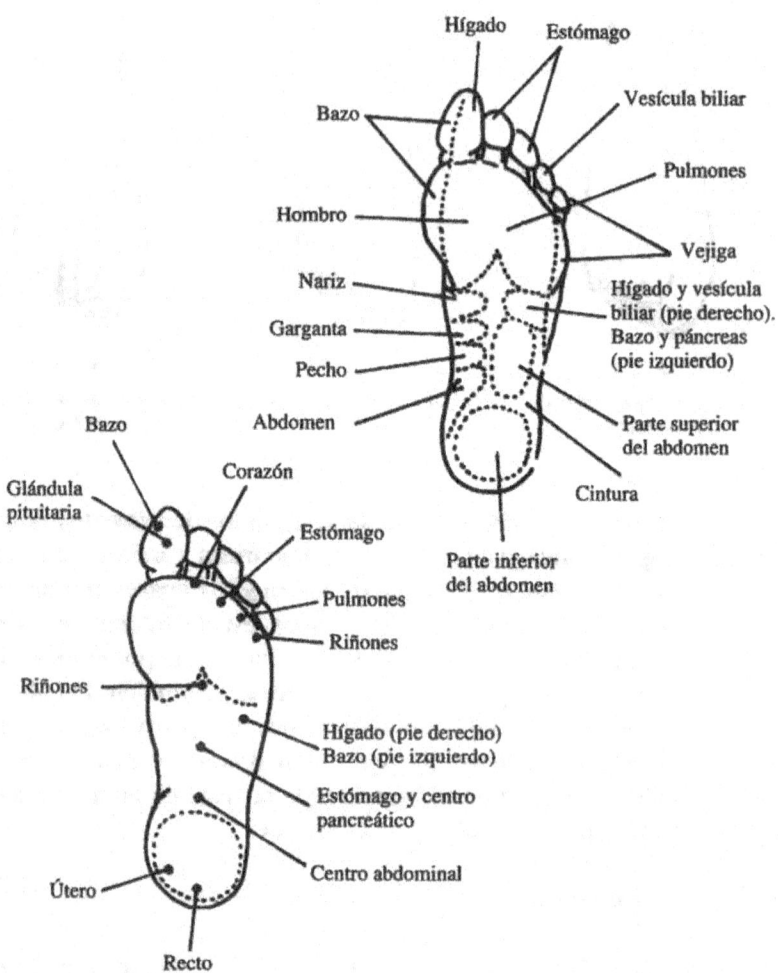

síntomas indican que los órganos y funciones correspondientes padecen trastornos. Estos trastornos son producidos principalmente por el estancamiento del flujo de energía y de la circulación sanguínea, debido al exceso de consumo de alimentos de origen animal, alimentos ricos en grasas tanto de origen animal como vegetal, azúcar y frutas, así como líquidos.

Si la planta del pie es blanda y elástica al ser presionada, significa que el metabolismo de la condición física y mental es armoniosa. Si los síntomas de dureza y de dolor aumentan, significa que los trastornos físicos y mentales están evolucionando hacia una mayor degeneración. Estos trastornos internos pueden ser aliviados a menudo a través de la aplicación del tratamiento terapéutico adecuado, junto con la corrección de la dieta.

5. *La piel que se pela y los pies de atleta*

Los pies de atleta vienen con frecuencia acompañados por una piel que se pela en los dedos de los pies y entre ellos, así como el agrietamiento de la piel entre determinados dedos, que dificultan el caminar. Aunque los pies de atleta indican actividades de gérmenes en esa zona, la causa real es el exceso de consumo de líquidos, que abarcan toda clase de bebidas, frutas y zumo de frutas, además de azúcares y dulces y algunas sustancias químicas y drogas, así como otros tipos de alimentos yin. Estos alimentos producen un estado de gran humedad en la zona de los dedos de los pies, que conduce a agrietamientos y estimulan las actividades de los gérmenes.

8. Diagnóstico a través de la piel

Como periferia del cuerpo, la piel refleja la asociación antagónica y complementaria con las profundidades internas del cuerpo. Cuando los órganos y las glándulas internas padecen trastornos, siempre aparecen síntomas en la piel. El estado de los fluidos corporales como la sangre y la linfa también aparecen en la piel. Como la principal función de la piel es el ajuste entre el entorno externo y las condiciones internas del cuerpo, también refleja el cambio de aquél. El diagnóstico de la condición de la piel generalmente se centra en tres principales características: (1) la condición de la piel, (2) el color de la piel y (3) las marcas que aparecen en la piel.

1. *La condición de la piel*

Una piel normal debe ser clara, lisa, ligeramente brillante y ligeramente húmeda. Si se presentan otras condiciones, ello es el resultado

174 EL LIBRO DEL DIAGNÓSTICO ORIENTAL

de trastornos que surgen en alguna parte del cuerpo. Al igual que todos los trastornos físicos y mentales se deben a hábitos dietéticos desordenados, las anomalías del estado de la piel también se producen principalmente por hábitos dietéticos. En las artes y cuidados estéticos actuales se da más importancia a los tratamientos externos que al cambio interno a través de la dieta, y se hacen interminables esfuerzos con resultados insatisfactorios. Sin embargo, una piel bella se desarrolla de forma natural como resultado de una dieta equilibrada macrobiótica.

A) *Piel húmeda.* Esta condición se detecta fácilmente en una palma de la mano que está extraordinariamente húmeda. La palma, así como todas las demás superficies del cuerpo, debe mantener una condición de ligera humedad, pero no estar mojada. La causa de esta última condición es el exceso de consumo de líquidos, incluidas las comidas cocinadas con mucha agua, los refrescos, las frutas, los zumos, la leche y otros fluidos. El azúcar y otros dulces también pueden producir agua dentro del cuerpo.

La piel húmeda indica una sangre más espesa, un metabolismo rápido, un pulso más acelerado y exceso de sudoración y micción. Esta condición produce diversos trastornos físicos y mentales, como la epilepsia, el vértigo, la diarrea, el cansancio, la lentitud del pensamiento, el olvido, el desprendimiento de retina, el glaucoma, la pérdida de pelo y dolores y agujetas en diversas partes del cuerpo, como los oídos, los dientes y las encías.

El equilibrio de agua en nuestro cuerpo se refleja en el número de micciones diarias, que deben ser normalmente de tres a cuatro las personas adultas. En muchos casos no es aconsejable la prescripción de algunos médicos, que recomiendan la ingestión de una gran cantidad de líquido, excepto como medida temporal para eliminar del cuerpo sustancias venenosas o un exceso de alimentos de origen animal. El deseo de agua es proporcional al volumen de sales, proteínas e hidratos de carbono consumidos y, en consecuencia, se necesita un enfoque muy amplio de dieta para una alteración a largo plazo de la ingestión de líquido.

B) *Piel grasa.* Una piel normal es ligeramente grasa, pero si la piel es excesivamente grasa —a menudo en las partes periféricas del cuerpo, como en la frente, la nariz, las mejillas, el pelo o las palmas de la mano—, ello se debe bien al exceso de consumo de aceites y grasas, o a trastornos del metabolismo de las grasas. Este estado indica que no están funcionando normalmente el hígado, la vesícula y el páncreas. Los pulmones y las funciones respiratorias, así como los riñones y las funciones excretoras también se ven afectadas.

A menudo, la piel grasa también revela ciertos síntomas relacionados, como la formación de piedras en la vesícula biliar y en los riñones; la formación de quistes y tumores en los pechos, ovarios, útero y otras partes del cuerpo; trastornos pancreáticos, incluida la diabetes; acumulación de mucosidad en diversas partes del cuerpo; dificultades de audición, cataratas, esclerosis y muchos otros trastornos.

El consumo de toda clase de alimentos grasos, incluida la carne, la volatería, los huevos, los alimentos de origen animal en general, el azúcar, los productos farináceos, las frutas y los zumos, y los aceites vegetales deben reducirse al mínimo para aliviar este estado. El exceso de consumo de proteínas y de hidratos de carbono puede también producir una piel grasa y, por ello, es aconsejable comer menos.

C) *Piel seca.* La piel seca es producida por la deshidratación o bien por el exceso de consumo de grasas y aceites. La primera causa es más común entre las personas actuales. El personal médico generalmente aconseja aumentar el consumo de aceites para aliviar un estado de piel seca, pero esto es más bien ineficaz: una superficie de piel seca se produce frecuentemente por la formación de capas de grasa bajo la piel, que impiden la eliminación de humedad hacia la superficie. Por ello, la dieta debe orientarse hacia la eliminación de grasas y aceites.

La piel seca indica que existe una cantidad relativamente grande de grasa y colesterol en la sangre. En este caso es común la acumulación de grasa y colesterol alrededor del corazón y de las arterias, así como en los órganos principales como el hígado, la vesícula biliar, los pulmones, los intestinos, el bazo, el páncreas, la próstata y el útero. Puede también producirse un endurecimiento de las arterias, un pulso irregular, y la formación de quistes, tumores y cáncer en algunos casos. Probablemente existe una tensión anormal cerca de los órganos afectados y a lo largo de los meridianos relacionados con ellos. Para curar este estado, es aconsejable eliminar toda clase de carnes, volatería, huevos y productos lácteos, así como azúcar y dulces de la dieta.

D) *Piel áspera.* Esta condición tiene dos posibles causas: (1) exceso de consumo de proteínas y de grasas pesadas, o (2) exceso de consumo de azúcar y dulces, frutas y zumos, refrescos gaseosos, drogas y sustancias químicas. El estado debido a la primera causa es más difícil de cambiar. El segundo estado se caracteriza por una mayor apertura de las glándulas sudoríparas y habitualmente un ligero color rojo.

La piel áspera del primer tipo refleja una condición interna que incluye la arteriosclerosis y la acumulación de grasa y de colesterol alrededor de los órganos y de las arterias. Normalmente están afectados el hígado y los riñones. Los síntomas que acompañan a este estado incluyen frecuentemente la aparición de proteína en la orina, trastornos intestinales, tensión muscular, dolores y agujetas en las articulaciones, rigidez del cuello y de los hombros, cansancio general y rigidez mental.

En el segundo caso, la piel áspera indica trastornos de las funciones circulatorias, excretoras y nerviosas. Los síntomas incluyen a menudo irregularidad de pulso, excesiva transpiración, micción frecuente, diarrea, vértigo, hipersensibilidad e inestabilidad emocional. En ambos casos, la piel áspera puede corregirse reduciendo el consumo de alimentos de origen animal, grasas y aceites, azúcar y dulces, frutas y zumos, drogas y sustancias químicas, así como la práctica de hábitos dietéticos equilibrados.

E) *Piel pastosa.* Esta condición de piel es la más común hoy día. La piel parece blancuzca y floja, y carece de elasticidad activa. Puede aparecer en cualquier parte del cuerpo, pero habitualmente es más frecuente en la frente, y también en la cara, el pecho y la región abdominal. La causa se debe principalmente al exceso de consumo de productos lácteos, azúcar y productos a base de harina refinada.

La piel pastosa indica que se están acumulando grasa y mucosidad en diversas partes del cuerpo, como en el interior de la frente, las cavidades nasales, el oído interno, el pecho, los pulmones, el hígado, la vesícula biliar, los riñones, el útero, los ovarios, la próstata y las glándulas sudoríparas. Los síntomas que la acompañan con frecuencia incluyen dificultades de audición, tos, expulsión de mucosidad, formación de quistes y de tumores en las zonas del pecho, útero, ovarios y próstata, rigidez de las arterias, descarga vaginal, formación de piedras en los riñones y en la vesícula biliar, cansancio general, pensamiento confuso y pereza. Existe también la posibilidad de desarrollar un cáncer.

El consumo de más cereales y vegetales puede corregir esta condición, junto con la eliminación de grasas de origen animal, productos lácteos, azúcar y productos a base de harina refinada, y la reducción de frutas, zumos, bebidas y aceites en la dieta.

2. *El color de la piel*

El color de la piel es diferente en cada persona. Existen diferencias conocidas por todo el mundo en el color de la piel entre las personas de diferentes orígenes raciales: blanca para los caucásicos, más oscura para los latinos, amarilla para los orientales, cobriza para los habitantes del Medio Oriente, morena para los indios orientales y de América Central y del Sur, oscura o negra para los africanos, azul oscura para los nativos australianos. Sin embargo, estas diferencias en el color de la piel no son principalmente raciales, puesto que los colores de la piel son el resultado de la influencia del entorno externo, del estado interno y de la nutrición. Los principios del color de la piel pueden resumirse como sigue:

— Un clima más frío y nublado produce la piel más blanca, y un clima más cálido y soleado produce una piel más oscura.
— Los alimentos más yang producen una piel más ligera, y los alimentos más yin producen una piel más oscura.

Por ejemplo, la raza negra, que vive en África, desarrolla un color oscuro o negro, debido al clima cálido y al consumo de tapioca, plátanos y otros productos tropicales yin, mientras que su color tiende a cambiar si se desplazan a América del Norte y consumen más productos de origen animal yang, así como productos lácteos. Entre las razas amarillas, es bastante conocido que el color de la piel tiende a cambiar hacia el blanco si se desplazan hacia una región con más abundancia de nieve, y si consumen alimentos más salados, que son cocinados durante un periodo de tiempo más largo.

Aparte de estas diferencias naturales en el color de la piel, existen muchos colores anómalos que pueden aparecer a causa de trastornos en la condición física. Estos colores aparecen no sólo en la superficie de la piel, sino también en cualquier parte del cuerpo, incluido el pelo, los ojos, los labios y las uñas, como se ha especificado en los demás capítulos de este libro. Los colores anómalos más corrientes que aparecen en la superficie de la piel pueden resumirse como sigue:

Color	*Causa*	*Estado de salud*
Rojo	Excesivos alimentos y bebidas yin, incluyendo los líquidos, las frutas, el alcohol, el azúcar, el dulce, las especias y los estimulantes.	Dilatación de los capilares. Trastornos cardiacos y circulatorios. Trastornos pulmonares y respiratorios. Trastornos nerviosos. Inestabilidad emocional.
Amarillo	Excesivos alimentos y bebidas yang, incluida la carne, los huevos, el pescado, el marisco, la sal y los minerales, y verduras como las zanahorias, la calabaza y el calabacín.	Trastornos de las funciones biliares del hígado y de la vesícula biliar. Trastornos pancreáticos. Trastornos excretores y de los riñones, agresividad emocional.
Púrpura	Alimentos y bebidas extremadamente yin, incluidas las frutas y los zumos, el azúcar y los dulces, las drogas, los medicamentos y las sustancias químicas.	Trastornos del intestino y del aparato digestivo. Trastornos nerviosos, trastornos sexuales y hormonales. Miedo y desesperación.
Blanco	Excesivo alimento de origen animal yang rico en grasas, incluidos todos los productos lácteos, o el exceso de consumo de sales y minerales.	Contracción de los capilares sanguíneos y de los tejidos. Estado de alerta nerviosa. Trastornos del hígado, de la vesícula biliar, de los riñones y, especialmente, del bazo y de la linfa. Mente estrecha y obstinada.
Azul	Excesivos alimentos de origen animal y sales yang, junto con azúcar, dulces, alcohol y estimulantes yin. Alimentos ricos en hidratos de carbono.	Mal funcionamiento del hígado. Trastornos de las funciones del bazo y del páncreas. Cólera y mal temperamento.
Marrón	Excesivos alimentos de origen animal yang y verduras	Trastornos intestinales y del aparato digestivo. Trastor-

Causa	Estado de salud
yin, ricos en proteínas y en grasas. Azúcar y dulces, frutas y zumos.	nos del sistema excretor y de los riñones. Discriminación y prejuicios.
Oscuro Excesivos alimentos yin, incluido el azúcar y los dulces, las frutas y los zumos, las drogas y las sustancias químicas.	Trastornos del sistema excretor y de los riñones, de los intestinos y del aparato digestivo, sexuales y hormonales. Depresión y miedo.
Verde Excesivos alimentos yang ricos en proteínas y grasas, o excesivos alimentos yin ricos en azúcar y aceite. Productos químicos, drogas y medicamentos.	Descomposición de los tejidos o de las células. Desarrollo de quistes, tumores y cáncer. Inseguridad emocional y arrogancia.

3. Marcas en la piel

A lo largo de la vida aparecen muchas marcas en la piel. Cuando nacemos, normalmente no hay marcas en la piel, aunque existen algunas excepciones. Un bebé recién nacido puede tener una mancha verde en la parte inferior de los glúteos, conocida entre los asiáticos como «marca mongólica»; o puede haber manchas de color rojo vívido o marrón en determinadas partes del cuerpo, como cuando la madre ha tomado drogas o medicamentos durante el embarazo. Ése es el caso de la llamada «marca de nacimiento». Por razones similares, un bebé recién nacido puede tener manchas negras conocidas como «lunares» como prueba de que la madre sufrió una enfermedad o padeció una gran fiebre durante su embarazo, aunque esto es comparativamente raro.

La mayoría de las marcas que aparecen en la piel surgen después del nacimiento, puesto que existen síntomas de eliminación de determinados excesos producidos por desequilibrios dietéticos o de ajustes por enfermedades. Estas marcas incluyen las siguientes:

A) *Puntos negros.* Conocidos como «lunares», aparecen próximos a los puntos de acupuntura a lo largo de los meridianos, a través

Fig. 98. Ejemplos de lunares a lo largo del meridiano del pulmón

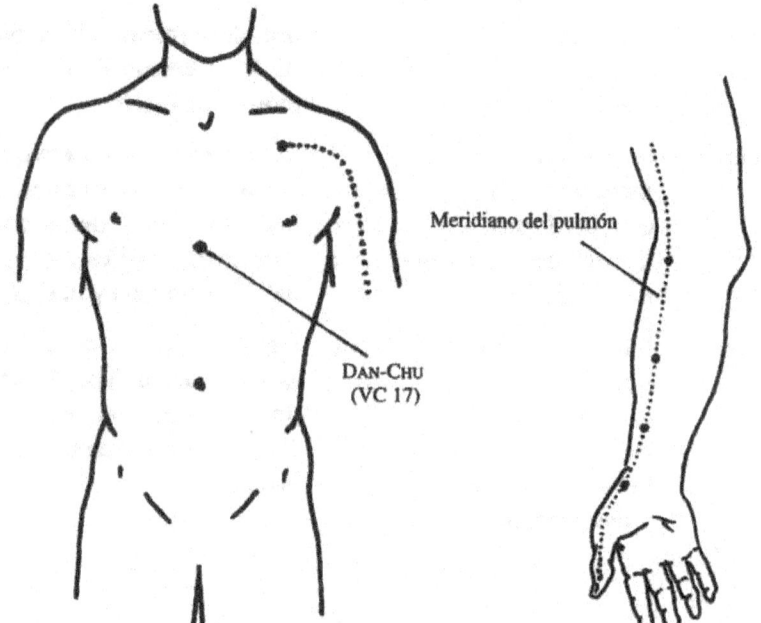

de los que entra o sale del cuerpo la energía interna y externa. También aparecen en la unión de los tejidos conectados.

Estos puntos negros indican la eliminación de compuestos de carbono producidos por la quema del exceso de hidratos de carbono, proteínas y grasas dentro del cuerpo. Como consecuencia, aparecen después de una enfermedad en la que se ha tenido una gran fiebre, como la neumonía, la bronquitis, la fiebre de estómago e intestinal, y las infecciones del riñón y de la vesícula biliar. Observando la localización de estos puntos, y especialmente el meridiano a lo largo del que están localizados, es posible determinar en qué órgano se ha padecido la enfermedad. Por ejemplo, los puntos negros que aparecen a lo largo del meridiano del pulmón indican que se padeció neumonía o bronquitis en el pasado. La misma clase de puntos que aparecen en la región del pecho, especialmente en el DAN-CHU (VC 17), indica que la enfermedad del pasado implicó una infección de la región cardiaca.

En consecuencia, los puntos negros que aparecen en el rostro pueden indicar debilidad de determinados sistemas, órganos o glándulas, y las consecuentes tendencias físicas y mentales. De esta forma, observando los puntos negros, podemos también entender el carácter personal. La figura 99 proporciona algunos ejemplos ordinarios.

B) *Las manchas marrón oscuro, o pecas*, son frecuentes hoy día. Se producen en las partes más periféricas y expuestas del cuerpo, como la cara, las manos, los brazos y los hombros, así como aquí y allá a lo largo del cuerpo. La tendencia de que las pecas aparezcan más en la parte superior del cuerpo tienen su causa.

Las pecas son la eliminación de un exceso de hidratos de carbono, especialmente monosacáridos y bisacáridos, entre ellos el azúcar refinado, la miel, la fructosa y la lactosa. El carácter yin de estas sustancias es atraído hacia la luz del sol yang y, por ello, las pecas aparecen con más probabilidad durante el verano. Hace unas pocas generaciones se les llamaban «marcas de la muerte», especialmente cuando aparecían en un gran tamaño en el envés de la mano. Las personas que viven en climas más oscuros y nubosos, o que no comen esta clase de azúcares, no tienen muchas pecas. La eliminación de esta clase de alimentos de la dieta puede producir una desaparición gradual de las pecas.

Fig. 99. Algunos ejemplos de lunares en la cara

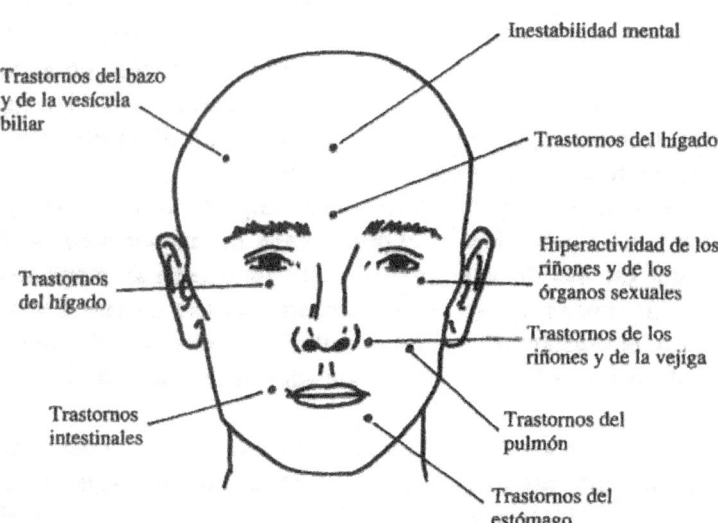

Si las pecas aparecen más en determinados meridianos, o en la zona de la superficie que corresponde a determinados órganos internos, podemos decir que el exceso de consumo de azúcares ha afectado a dichos órganos. Por ejemplo, las pecas que aparecen en el envés de la mano y en el brazo a lo largo del meridiano del intestino, indican que las funciones intestinales padecen algunos trastornos debido al consumo de azúcar. De igual modo, si las pecas aparecen en los hombros, indican trastornos de las funciones intestinales.

C) *Las manchas marrones* son conocidas como MO-SHOKU (紫色) en la terminología médica oriental. Aunque su color es parecido al de las pecas, los MO-SHOKU son más grandes que las pecas, y su aparición es más infrecuente y temporal. Pueden aparecer en cualquier parte del cuerpo correspondiente al órgano que padezca el trastorno. La figura 100 muestra algunos ejemplos.

Si el MO-SHOKU desaparece debido a un tratamiento externo como la moxibustión repetida, indica que los trastornos de los órganos correspondientes también han desaparecido y que se han recuperado las funciones normales.

D) *Los lunares*, que son minúsculos promontorios de color marrón oscuro, aparecen en algunas personas. Constituyen la eliminación de un exceso de proteína. Esta proteína no proviene necesariamente del consumo de proteína misma, sino que también es producida por un exceso de comida en general, y especialmente un exceso de consumo de hidratos de carbono y de grasas. Por esta razón, en el antiguo Oriente los lunares eran conocidos como signo de naturaleza egocéntrica. Los lunares pueden naturalmente secarse y desaparecer si los hábitos dietéticos son adecuadamente corregidos.

Los lunares pueden aparecer (1) a lo largo de los meridianos, y (2) a lo largo de los músculos. En el primer caso, las funciones de los órganos a los que ese meridiano proporciona energía pueden ser activados por el exceso de consumo de proteínas o de alimentos en general. En el segundo caso, el órgano que está en relación con dicha zona del músculo ha sido afectado por la misma causa. He aquí algunos ejemplos:

E) *La verrugas* pueden ser del color de la piel, o parduscas y ligeramente más oscuras que el color de la piel. Son más blandas que los lunares y tienen una forma irregular. Las verrugas son la elimina-

Fig. 100. Ejemplos de Mo-Shoku

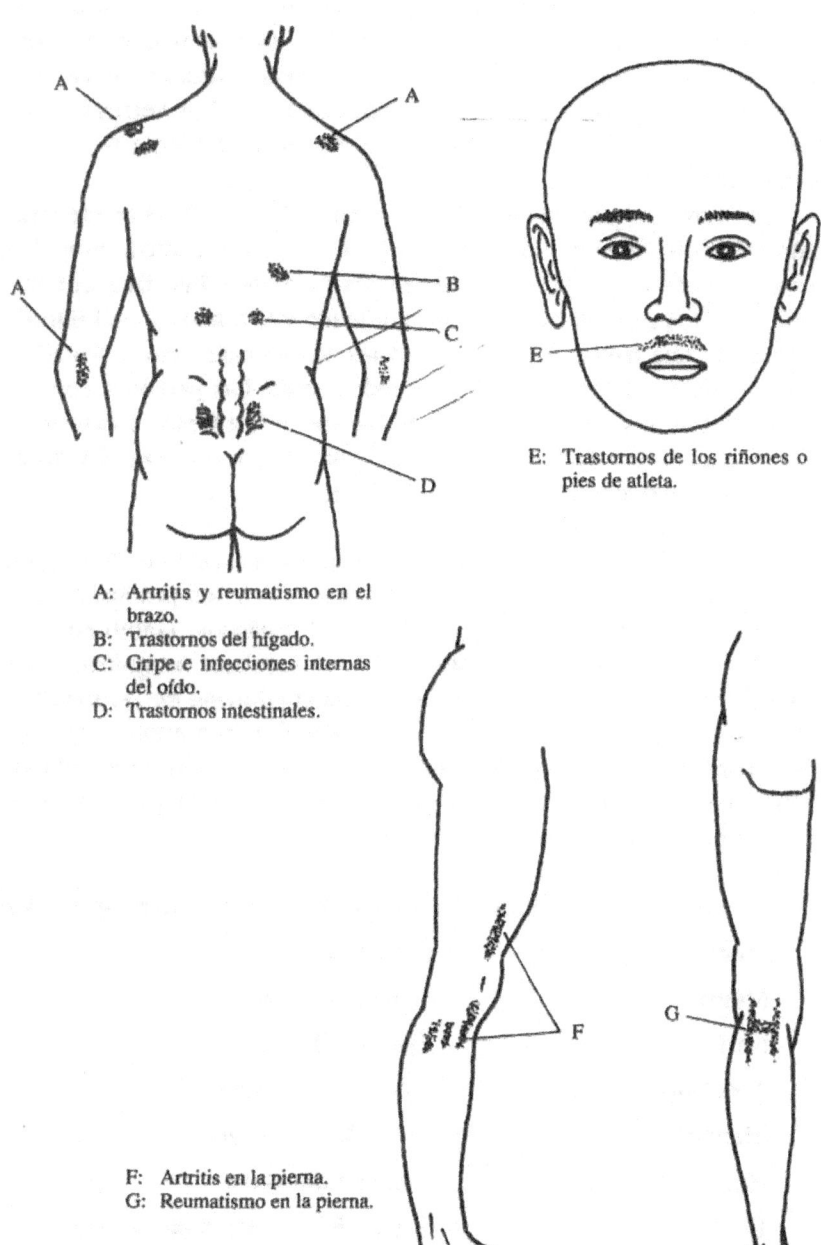

E: Trastornos de los riñones o
   pies de atleta.

A: Artritis y reumatismo en el
   brazo.
B: Trastornos del hígado.
C: Gripe e infecciones internas
   del oído.
D: Trastornos intestinales.

F: Artritis en la pierna.
G: Reumatismo en la pierna.

ción de una mezcla de proteínas y grasas, también causadas por el exceso de consumo de dichos alimentos o por un exceso de comida en general. Sin embargo, las verrugas tienden a aparecer más en las personas que consumen un gran volumen de grasas o azúcar. Pueden ser eliminadas por corrección de los hábitos dietéticos. Las verrugas también aparecen más en la parte superior del cuerpo, debido a su naturaleza ligeramente yin.

Las verrugas pueden aparecer de forma irregular sin aparente relación con la localización de los meridianos y de sus puntos, como las pecas. Indican trastornos generales de las funciones digestiva, circulatoria y excretora. Los órganos especialmente implicados son el intestino grueso, que habitualmente está estancado en este caso, y los riñones, que normalmente están acumulando grasas. Las personas con verrugas tienen una tendencia a desarrollar quistes, tumores y cáncer de pecho, del colon y de los órganos reproductores, así como enfermedades de piel, indigestión e infecciones de orina.

F) *Los granos* tienden a aparecer más en la superficie de la parte superior del cuerpo, a causa de su naturaleza yin, y son producidos por un exceso de grasas, azúcar y productos farináceos. Habitualmente son rojos y blancos, por la dilatación de los capilares sanguíneos y de los tejidos grasos. Los granos aparecen habitualmente en las mejillas, frente, nariz, zona alrededor de la boca, mandíbulas, hombros, pecho y en la espalda más que en otros lugares. La localización de los granos indica que los órganos correspondientes están afectados por la acumulación de grasa y mucosidad. Por ejemplo:

Localización de los granos	*Órganos o zonas del cuerpo afectados*
Frente	Zona intestinal
Mejillas	Zona pulmonar
Nariz	Zona cardiaca
Alrededor de la boca	Zona reproductora
Mandíbulas	Zona de los riñones
Hombros	Aparato digestivo
Pecho	Zonas del pulmón y del corazón
Espalda	Zona pulmonar

Los granos pueden ser eliminados evitando alimentos que directamente contribuyen a la acumulación de proteínas y de grasa, mucosidad y excesivo líquido en dichos órganos y sistemas.

G) *Las manchas blancas* aparecen a menudo hoy día y, a veces, se extienden gradualmente en todo el cuerpo. Esas manchas son producidas por un consumo constante y excesivo de productos lácteos, especialmente de leche y nata. Esta condición indica que la acumulación de grasa y de mucosidad se ha extendido a través de los sistemas respiratorio y reproductor. De ello resulta a menudo un desequilibrio hormonal, y de las funciones del tiroides, del páncreas y de las gónadas.

Esta condición contribuye naturalmente a la formación de quistes, tumores y posteriormente cáncer, especialmente de pecho, de colon y de las zonas reproductoras.

Se necesita un gran periodo de tiempo para recuperarse de este estado, a través de la eliminación de productos lácteos y del aumento de consumo de cereales y verduras. Sin embargo, si los aceites vegetales entran en exceso, también pueden producir un retraso en el proceso de curación.

H) *Las manchas azuladas*, que a veces aparecen en la superficie de zonas musculares, son producidas por el estancamiento de la corriente sanguínea. Este estado a menudo surge durante la hemorragia interna, debido a la rotura de capilares causada por un choque externo o por una dilatación interna de los capilares. Sin embargo, si se está comiendo una dieta equilibrada, es muy raro que un choque externo produzca estas manchas azules. En consecuencia, la causa real de esta condición es el exceso de consumo de alimentos yin: exceso de frutas, de zumos, dulces, drogas y productos químicos.

Este estado indica que las funciones circulatoria y de micción no están funcionando saludablemente. Los síntomas que lo acompañan a menudo incluyen un pulso irregular, micción frecuente, trastornos emocionales y nerviosismo. Este estado puede ser corregido gradualmente recuperando una calidad sana de sangre con un aumento de minerales.

I) *Las venas varicosas* aparecen principalmente en la zona posterior e interna de las piernas. Se manifiestan como venas dilatadas con un color verde claro, azul claro, rojo oscuro o, en algunos casos, púrpura oscuro. Con frecuencia aparecen en las mujeres en el momento del embarazo.

Esta condición indica trastornos de las funciones digestiva y excretora. También es acompañada a menudo por trastornos del hígado, la vesícula biliar, el bazo o el páncreas. También pueden presentarse dolores de cabeza y una irregularidad de las funciones reproductoras.

Las venas varicosas son producidas por un exceso de líquido, lo cual abarca toda clase de bebidas y zumos, así como frutas. El consumo excesivo de aceite puede también contribuir a ellas. Es posible mejorar las venas varicosas gradualmente reduciendo el consumo de dichos alimentos y bebidas, y disminuyendo los productos de origen animal y la sal, junto con aplicaciones calientes para acelerar la circulación de la sangre.

J) *El eccema* —zonas secas, duras y elevadas de la piel que pueden ser blancas, amarillas o rojizas— aparecen a menudo hoy día. Indica una eliminación masiva de exceso de grasas, principalmente producido por el consumo de alimentos de origen animal, especialmente productos lácteos. Entre los productos lácteos, el queso es el mayor contribuyente a este estado, y también contribuye a ello en gran medida los huevos al plato con mantequilla.

Esta condición denota trastornos de las funciones circulatoria y excretora, con acumulación de grasa y colesterol en los principales órganos como el corazón, el hígado y los riñones. Puede haber frecuentes quistes y tumores, y una tendencia a desarrollar el cáncer. Otros síntomas incluyen el envejecimiento de las arterias, caspa, la piel seca, el insomnio y la inseguridad emocional.

El eccema puede corregirse mediante la eliminación de todos los productos grasos, con un aumento en el consumo de cereales, verduras y algas marinas.

Todos los estados anómalos de piel, incluidos los ya descritos, son manifestaciones de las relaciones entre el entorno interno dentro del cuerpo y el entorno externo. Si la dieta que nutre el entorno interno es adecuadamente ajustada según los cambios del entorno externo —las estaciones, el clima, el tiempo— en conexión con la actividad cotidiana física y mental, puede mantenerse un estado de piel que sea el resultado natural de un estado interno saludable.

Conclusión

Conocer las cosas es conocer el propio ser.
Más conocimiento es un camino para hacer-
nos más humildes y modestos.
Quien se relaja a sí mismo al máximo conoce todas las cosas, y alcanza la conciencia y la vida eterna.

ESTE libro ha introducido los principales métodos de diagnóstico basados en los principios de la medicina oriental, de acuerdo con la comprensión del orden del universo: la ley de la naturaleza que constantemente rige todos los fenómenos a través del universo, incluida nuestra vida presente en la Tierra como seres humanos. Estos métodos de diagnóstico han sido desarrollados y utilizados durante los últimos treinta años a través de la observación de cientos de miles de personas, sin análisis de la condición interna del cuerpo, sino únicamente a través de la observación atenta reflejada a partir del estado puro de la nada. Como la raza humana actual consiste en más de cinco mil millones de personas en este planeta, existen miles de millones de variantes de estilos de vida y actividades; cada uno de los miles de millones de personas experimentan numerosos cambios y fluctuaciones según las condiciones naturales y del entorno, las influencias sociales y culturales, las contribuciones tradicionales y ancestrales, y variantes personales de actividad y alimentación. Como consecuencia, el estudio científico del diagnóstico —sin la utilización de ningún método analítico separativo moderno, que a menudo tiene efectos dañinos sobre nuestra salud, como la utilización de los rayos X, la radiación, el análisis de sangre, las pruebas de escáner sobre los huesos y muchas otras aplicaciones— requiere una profundidad limitada de comprensión de la humanidad y su relación con el orden del universo. Exige muchos años de observación y examen, así como reflexión sobre las condiciones del entorno. Éste es el estudio de la misma humanidad.

Dominar esta práctica, desarrollar una comprensión penetrante de los diversos trastornos físicos y mentales y de sus causas subyacentes exige bienestar, especialmente una mente clara y un cuerpo limpio. El maestro de diagnóstico posee una profunda comprensión de la naturaleza y de la humanidad. Su juicio puede funcionar instantánea e intuitivamente para captar la realidad del objeto que está viendo, como si él mismo fuera el universo que produce a estos pacientes, afirma su existencia y cambia sus condiciones. En otras palabras, el maestro de diagnóstico vive con la conciencia universal, sin ninguna tendencia hacia la discriminación, el prejuicio o la estrechez mental, y con una infinita compasión y paciencia.

Los contenidos de este libro son simplemente una introducción de las líneas orientativas de algunos de los principales métodos de diagnóstico, que se han presentado con la esperanza de que cualquiera pueda fácilmente entender las relaciones antagónicas y complementarias como un factor equilibrador de todos los fenómenos: es decir, el yin y el yang. En las primeras fases de aprendizaje de cómo diagnosticar, es muy práctica incluir la aplicación de relaciones antagónicas y complementarias. Sin embargo, una práctica más equilibrada del diagnóstico se hace intuitivamente y casi de forma inconsciente, más allá del alcance de ninguna teoría, técnicas lógicas o mecánicas. Para adquirir esta sensibilidad, es esencial para el estudiante de diagnóstico observar continuamente las prácticas dietéticas macrobióticas equilibradas, entre las que se incluyen los cereales completos, las verduras, las judías y las algas marítimas como una parte fundamental de la dieta cotidiana. Debe difundir el amor y la ayuda a los demás, inspirándolos hacia una vida más sana y guiándolos hacia una vida más feliz.

Es innecesario decir que la práctica del diagnóstico no se limita a los métodos presentados en este libro. Este arte tiene muchas más dimensiones, algunas de las cuales son casi imposibles de describir por escrito, ya que exigen demostración y explicación directa con ejemplos. En esta categoría se encuentra el *Diagnóstico vibracional y espiritual*, que tiene los siguientes propósitos y métodos de práctica generales:

1.   Esta clase de diagnóstico implica la percepción de las vibraciones que son normalmente invisibles y que surgen junto con nuestras funciones físicas y mentales. Al examinarlas a través de la observación, la experiencia directa y la utiliza-

ción de los sentidos —ver, oír, oler, gustar y tocar—, podemos distinguir los trastornos que han podido desarrollarse en las profundidades de los órganos internos.

2. De esta forma, podemos examinar todos los procesos principales de pensamiento, incluidas las memorias, las visiones, las tendencias de pensamiento, los apegos y desapegos, los engaños, las ilusiones y visiones de futuro, con el objeto de diagnosticar el estado físico y mental.

3. Con esta clase de diagnóstico, podemos también estudiar la calidad del aura o vibraciones procedentes del interior del cuerpo, junto con las fuerzas del entorno y la energía dietética, comprendiendo las condiciones del entorno y las prácticas dietéticas.

4. Este diagnóstico revela además las influencias de los denominados espíritus o fantasmas de las personas muertas, o de las personas que viven a distancia, y los trastornos producidos por estas influencias espirituales. Al clarificar su causa, podemos sugerir cómo purificar estas influencias espirituales y asegurar el bienestar físico y mental.

5. A través de esta clase de diagnóstico, podemos ver las influencias de la herencia ancestral que se ha desarrollado de generación en generación —generalmente durante las últimas siete generaciones y, tal vez, hasta hace miles de años—. Al revelar estas influencias ancestrales en la constitución física y mental, se hace posible prever el futuro de la persona, así como el destino de su descendencia.

6. Además, esta clase de diagnóstico desarrolla una comprensión directa, intuitiva pero práctica, de la reencarnación de la persona: de sus vidas previas —no sólo la vida inmediatamente pasada, sino de muchas vidas pasadas, y sus futuras reencarnaciones—, no sólo de la próxima vida, sino de varias vidas en el futuro.

7. A través de esta forma de diagnóstico, podemos examinar además no sólo el estado de una persona, sino también el estado de su familia, parientes y amigos, con los que ha tenido alguna clase de relación; y la naturaleza de la sociedad y comunidad en la que está viviendo en ese momento, en la que vivió durante vidas pasadas y en las que vivirá durante sus vidas futuras.

El propósito inmediato del diagnóstico es ayudar a las personas a la mejora de su salud y a la realización de su bienestar. Sin embargo, la última meta del diagnóstico es entender el proceso infinito de desarrollo de la vida, que está siempre cambiando, cubriendo toda la dimensión de este universo infinito; en otras palabras, la comprensión de la escala infinita de la vida, que es la conciencia más profunda, elevada e ilimitada. En consecuencia, si el diagnóstico se aborda sólo de una forma mecánica, sin un esfuerzo constante para desarrollar la conciencia universal y una elevada personalidad con compasión, no será nada más que la misma especie de brujería en la que han degenerado las técnicas modernas de diagnóstico.

Como autor de este libro, deseo alentar a los lectores a utilizar las artes del diagnóstico y la información presentada en este libro, no sólo como técnicas, sino también como medios de entender la raza humana, incluido el mismo lector, para el desarrollo de una conciencia superior. Este libro de diagnóstico no fue escrito para proporcionar a sus lectores conocimientos y técnicas, sino para preparar y abrir la puerta a la nueva era de la humanidad, a través de la recuperación de nuestros diversos trastornos, y para establecer más adelante un mundo sano y pacífico para la humanidad.

Aunque el contenido de este libro es introductorio, espero sinceramente que esta información no sea utilizada para criticar o devaluar a otras personas, y que los lectores que utilicen estas artes de diagnóstico mantendrán un espíritu de modestia y gratitud hacia todas las personas, el entorno, la naturaleza, el universo y su orden infinito. Deseo a todos los lectores que utilicen este libro como una guía para ayudarse mutuamente, y como una guía para reflejar nuestra propia constitución y estado de salud, con el objeto de realizar la inacabable felicidad de la humanidad.

MICHIO KUSHI
Blookline, Massachusetts
Día de Navidad
25 de Diciembre de 1979